Auf immer und ewig
Dein Fritz Reuter

„Das werthvollste aber, was ich als Andenken an Reuter und Frau besitze ist das mit größter Genauigkeit und Sorgfalt nach dem Leben gezeichnete Bild der Frau Dr. Reuter … Diese Zeichnung giebt die Gesichtszüge und den der Frau Dr. eigenen (etwas schmerzlichen) Gesichts-Ausdruck viel besser und bestimmter wieder wie die Photographie …“ (E. Haertel, Eisenach 1874)

Auf immer und ewig Dein Fritz Reuter

AUS DEM LEBEN
DER LUISE REUTER

VON
CORNELIA NENZ

HINSTORFF

Für die großzügige Unterstützung danken Autorin und Verlag
der Kreissparkasse Demmin.

Die Deutsche Bibliothek – CIP-Einheitsaufnahme
Nenz, Cornelia:
Auf immer und ewig Dein Fritz Reuter : aus dem Leben der Luise Reuter / von
Cornelia Nenz. - 1. Aufl. - Rostock : Hinstorff, 1998
ISBN 3-356-00771-8

1. Auflage 1998
Druck und Bindung: Salzland Druck GmbH & Co. KG, Staßfurt
Printed in Germany
ISBN 3-356-00771-8

ZUM GELEIT

Wie hätte sie denn sein sollen, die Luise Reuter geborene Kuntze? Was hätte sie tun, was unterlassen können, um von nachfolgenden Generationen ähnlich mild beurteilt zu werden wie ihr Mann, der gefeierte Schriftsteller Fritz Reuter?

Fast immer am Rande der unmittelbar nach Reuters Tod beginnenden und bis heute mit Eifer und Erfolg betriebenen Reuter-Forschung „mitgeführt", so gut wie ausschließlich auf die Aussagen in Reuters Briefen, gar auf die humoristischen Hinweise in seinen literarischen Werken sich berufend, fristete die Darstellung der Luise Reuter nur ein Schattendasein. Viel mehr noch, sie wurde allmählich auch der „Sündenbock" für alle Umstände, die in das ein für allemal festgelegte Bild des freundlichen, jovialen, bescheidenen, volksverbundenen Mecklenburgers nicht recht passen wollten. Während dann im Laufe der Zeit die Forschung zu Reuter und seinem literarischen Werk immer neue Aspekte verfolgte und Wahrheit und gerechter Beurteilung näherzukommen sich anschickte, wurde der Blick auf die Gattin gern einfach übernommen. Sie war nicht wichtig. Der Volksmund gab noch seins dazu, und Attribute wie ungebildet, repräsentationsbedürftig und hochmütig benutzte man, um Luise Reuter zu charakterisieren.

Aus dem umfangreich zur Verfügung stehenden Material ergab sich mir ein anderes, ein differenzierteres Bild vom Leben Luises, und ich bin sicher, die verehrten Leser werden anhand der hier zum großen Teil erstmals veröffentlichten Dokumente und Briefe von Luise und Zeitzeugen zu ähnlichen Schlüssen kommen. Es scheint mir notwendig, daß Luise Reuter Gerechtigkeit widerfährt.

Für die Hilfe bin ich den Kollegen im Goethe-Schiller-Archiv Weimar, in den Stadtarchiven in Wismar und Lübeck, im Schabbellhaus Wismar und im Reuter-Wagner-Museum Eisenach sehr dankbar. Die Forschung des Pastors i. R. Meyer-Bothling, Bad Bevensen, zu Luise Reuter und ihrer Familie bildete eine wesentliche Grundlage für meine Arbeit. Und schließlich gaben die Archive des Hauses, dessen Geschicke ich leiten darf, wertvollen Aufschluß.

Stavenhagen, im August 1997
Cornelia Nenz
Fritz-Reuter-Literaturmuseum

KINDHEIT UND JUGEND

Ach! wie so heiter war
die schöne Zeit,
Die ich in Eurer Mitte
zugebracht,
So lustig frei, so voll
Zufriedenheit;
Wir haben stets und
fast um Nichts gelacht.
Der Einzelne wär' spurlos
uns verschwunden,
Zusammen müßt es sich
zum Ganzen runden,
Und Alles einte sich zu
einem Zwecke,
Daß es gesunde Heiterkeit
erwecke ... [1]

Laut und heiter, angenehm und amüsant erscheint Fritz Reuter das Leben in der Familie Kuntze, als er, der Einladung der knapp 30jährigen Luise folgend, zum ersten Mal im Roggenstorfer Pfarrhaus zu Gast ist. Zum ersten Mal wirklich glücklich; nach so viel Ungemach, nach dem frühen Tod seiner Mutter, nach einer Kindheit und Jugendzeit mit einem überaus strengen Vater, nach siebenjähriger Festungshaft, nach Unsicherheit und Zerrissensein zum ersten Mal geborgen.

Der Theologe Wilhelm Gottlieb Peter Kuntze und seine Frau Wilhelmine Caroline Christine geborene Scharff schließen ihre Ehe in Grevesmühlen, wo Kuntze eine Rektorstelle bekleidet. Am 9. Oktober 1817 wird ihnen Louise Charlotte Marie als zweites Kind geboren. Kurz darauf

Das Pfarrhaus in Roggenstorf. In Öl gemalte Erinnerung an Luise und Fritz Reuter von Sophie Birkenstädt. In der ständigen Ausstellung des Fritz-Reuter-Literaturmuseums.

erhält Kuntze die kleine Pfarrstelle in Roggenstorf, und die Familie zieht in das Dorf im Klützer Winkel in Nordwestmecklenburg. Weitere acht Kinder kommen in Roggenstorf zur Welt, Luise ist die älteste Tochter unter zehn Kindern. Natürlich hört sie all das, was älteste Töchter immer hören: „Du bist die ältere, sei auch die vernünftigere!" – „Hilf der Mutter, du siehst doch, sie muß den Kleinen versorgen!"

Zu Heinrich (geb. 15.9. 1816) und Luise kommen Wilhelm (1819), Emma (1821), das fünfte Kind (Luise Wilhelmine, 1823) stirbt nach vier Stunden, Carl (1824), Sophie (1826), Theodor (1828), Caroline (1830), Friedrich (1832) und Franz (1834). Luises sehr frühe Einbindung in häusliche Arbeiten ist notwendig, selbstverständlich – älteste Töchter werden schon aus Angst vernünftig! – und verfehlt ihre Wirkung auf die Charakterbildung nicht. Es gibt keine andere Möglichkeit als das Entwickeln von Pflichtbewußtsein und Vernunft. Die Kleinen hängen an ihr; so oft muß sie „Ersatzmutter" sein, während Heinrich, der große Bruder, Fische fangen darf. Die Familie lebt bescheiden, die Pfarre bringt gerade das Nötigste ein. Die Mitgift der Mutter ist bald verbraucht, was den Vater im Jahr 1844 veranlaßt, an den Großherzog Bittgesuche zu richten, worauf ihm – zögerlich – ein jährlicher Zuschuß gewährt wird. Pfarrer Kuntze unterrichtet die Kinder zu Hause, erst zu Ostern des Jahres 1834 darf Luise für ein Jahr die Lehranstalt für die weibliche Jugend in Lübeck besuchen. Im Schülerinnenverzeichnis steht unter der Nummer *632:*

Luise Kuntze; Eltern: Pfarrer in Roggenstorf bei Grevismühlen. Eintritt in die Schule: Ostern 1834; Klasse I; Abgang Ostern 1835; war schon confirmirt; Schulzeit: 1 Jahr; fernere Schicksale: verheirathet mit Fritz Reuter dem plattdeutschen Dichter.[2]

Unterkunft findet Luise beim Bruder der Mutter, Philipp Peter Wilhelm Scharff, der in Lübeck wohnt. Luises Unterricht kostet vierteljährlich 21 Taler, dazu die vier Taler für den französischen Unterricht. Das Zeugnis von Ostern 1835 für Luise Kuntze:

„Betragen: Gut; Aufmerksamkeit: Beständig rege theilnehmend; Häuslicher Fleiß: lobenswerth; Fortschritte: waren sichtbar; Handarbeit: noch etwas gehindert durch Mangel an Vorkenntnissen."[3]

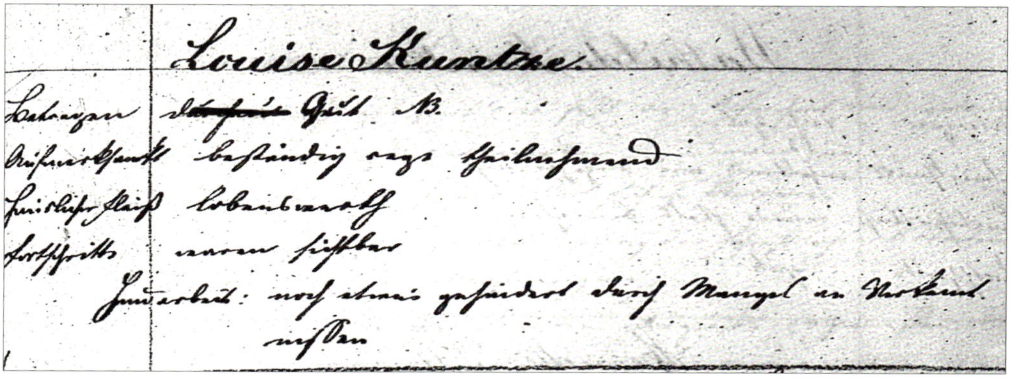

Luises Ausbildungsergebnisse, dokumentiert im Verzeichnis der Ernestinenschule. Im Stadtarchiv Lübeck.

Natürlich, Luises Tagwerk besteht aus anderen Arbeiten, gröberen, notwendigen. Die einzige Ausnahme ist das Klavierspiel, Musik gehört schließlich zum Leben in der Familie; auch den Brüdern wird Klavierunterricht erteilt.

Luise, jetzt 17 1/2 Jahre alt, kehrt aus dem Ernestinum zurück nach Roggenstorf, hilft der Mutter und der dort lebenden Großmutter im Haushalt. Franz, der jüngste Bruder, ist geboren und noch nicht ein Jahr alt. Wieder das fröhliche, laute, warme und herzliche Familienleben, doch auch die Beengtheit, die Unfreiheit, die Unmöglichkeit der Selbstbestimmung. Eine Verheiratung steht nicht in Aussicht, Luise will und muß sich eine Existenz schaffen, auf eigenen Beinen stehen. Kann sie doch auf diese Weise nicht nur die Familie entlasten, sondern auch endlich einmal eine Dienstzeit und eine Freizeit haben. Pfarrer Augustin in Rittermannshagen sucht für seine vielen Kinder eine Beaufsichtigung. Rittermannshagen aber liegt im Kirchspiel ihres Stiefgroßvaters, des Präpositus Kirchenrat Conrady, der seit 1805 als Pastor in Waren tätig ist. Dieser gibt ihr den Rat, sich an Pfarrer Augustin zu wenden und um die Stellung zu bitten.

Im April 1844, 26 1/2 Jahre alt, tritt Luise den Dienst in Rittermannshagen an. Jetzt endlich wird sie ein neues, selbständiges Leben beginnen. Doch die Arbeit unterscheidet sich nicht sehr von der zu Hause, eine ganze Schar Kinder ist zu unterrichten, und von der Hausarbeit wird sie auch nicht verschont. Viel Zeit für eigene Bedürfnisse bleibt Luise nicht.

Über die Augustins berichtet später der Freund Reuters, Fritz Peters: ... *Man könnte über dies Ehepaar ein Buch schreiben; ich will nur zwei von der männlichen Seite oft gebräuchliche Redensarten hier erwähnen; die eine war: „Daß Du die Nase im Gesicht behältst" und die andere war die Anrede an seine Lebensgefährtin, die stets anhub : „Mine Male, mine Maale". Im Uebrigen hatte Augustin seinen Bauch zu seinem Herrgott gemacht und seine Gattin schrieb amüsiren in allen ihr bekannten Sprachen groß ...* [4]

Luise erfüllt wohl nicht alle Erwartungen, die an eine seriöse Kindererzieherin gestellt werden, ist nicht ein stilles, von Pflichten erfülltes und zurückhaltendes neues Familienmitglied, Luise hat eigene Wünsche. Wenn sie gar nicht einmal für sich sein darf, dann hätte sie nicht von zu Hause fortzugehen brauchen! Sie will leben, tanzen, lachen, sich verlieben wie alle jungen Frauen.

Die Familie des Gutspächters Rust aus Demzin, bei der der nun fast 35jährige Fritz Reuter nach seiner Festungshaft Unterkunft und Anstellung gefunden hat, verkehrt freundschaftlich mit der Familie Augustin, und die fünf Kilometer zwischen Demzin und Rittermannshagen sind kein Hindernis für häufige gegenseitige Besuche. Eine Schönheit ist Luise ja nicht, eine „gute Partie" noch weniger, sie ist eine große, schlanke junge Frau, deren Wesen, Stimme, Gestalt, deren Klavierspiel, ja, deren spitze Nase Reuter beeindrucken und fesseln. Frau Pastorin Augustin muß zur Kenntnis nehmen, daß der charmante junge Mann seine Komplimente nun nicht mehr nur der Frau des Hauses macht, sondern daß er seine ganze Aufmerksamkeit dieser widerspenstigen jungen Dame widmet, die doch dessen ganz und gar nicht würdig zu sein scheint.

Später läßt Amalie Augustin Gnade vor Recht ergehen: ... *und freue ich mich, daß die Frau noch sich so geändert und dem guten braven Reuter zuletzt mit Liebe zugethan war. Sie war ja bei uns Erziehe-*

rin, ... sie war damals ein sehr leichtes, gewissenloses Mädchen von 28 bis 29 Jahren. Reuter war in Demzin bei Herrn Rust, um die Landwirthschaft zu lernen, worum er sich auch kümmerte, er beaufsichtigte die Hofgänger bei der Arbeit, war aber oft so leidenschaftlich dem Trunk ergeben, daß er oft drei, vier Tage nicht von der Stube kam ... Nämlich die Bekanntschaft ist hier bei uns gewesen, auch hat er hier um sie angehalten ... und sie wollte ihn nicht, ein Jahr darauf wieder, sie gab ihm wieder Abschlag. Wie er überhaupt ein besonderer Mann war, war er es auch in der Liebe ... er schrieb das erste Mal einen Brief an sie, mir ist's leid, daß ich ihn nicht abgeschrieben, von einer Aufrichtigkeit und Herzensgüte, ... sie sagte so gleichgültig nein ... Reuter hatte es wohl nicht erwartet, Abschlag zu bekommen, er war Wochen aus der Gegend, er wurde bei uns gesucht, war wieder in Trunksucht gefallen.

Nach einem Jahr kamen wir zufällig mit ihm – die Kuntze war noch bei uns – in Langwitz zusammen, sie spielte gut, sang auch gut und war ... Reuters Liebling; sie wurde zum Singen aufgefordert, ich bat sie doch nicht zu singen, Reuters wegen, sie that's doch, er wurde ganz wieder entzückt ... Ich sagte, ich begriffe kein Mädchen, was solchen Antrag in solcher Weise zurückweise, und wenn sie erst sähe, es käme kein Anderer, so nähme sie ihn doch. Worauf sie nein sagte ... [5]

Wie soll Luise nicht zögern, diesem Mann ihr Ja-Wort zu geben, diesem wenngleich liebenswürdigen, doch völlig unfertigen Fritz Reuter. In seinem Alter haben andere längst die Richtung in ihrem Leben festgelegt. Für sie ist er, genau wie für die meisten Menschen seiner Umgebung – denn nicht von ungefähr macht das Wort „ut em ward nix" die Runde –, der Mann ohne Aussichten, ein ehemaliger politischer Festungsgefangener, ein Mann wohl mit Bildung und vielerlei Neigung, doch ohne eine gesicherte Existenz, dazu ein Trinker, ein armer Gefallener, vom übermächtigen Vater, dem Stavenhagener Bürgermeister abgeschrieben, abgeschoben und letztlich durch das 1845 eröffnete Testament[6] enterbt und unter Kuratel gestellt. Wie soll sie sich einem solchen Manne anvertrauen, in welch eine Gefahr würde sie sich begeben! Nein, sie will ihn nicht, jetzt nicht, und vielleicht kommt ja doch noch ein anderer, wer will's wissen?

DIE ZEIT DER VERLOBUNG

Ach, Feuer der Liebe,
wie brennst Du so heiß!
Der heimlichen Lieb,
von der keiner was weiß,
Bald lodert's in Flammen
und leuchtet empor,
Bald glüht es so still aus
der Asche hervor.
Kein Thräne kann's löschen,
kein Seufzer erstickt's,
Kein Zauber kann's bannen,
kein Wille erdrückt's.
Ach, lange schon wäre mein
Herze verzehrt,
Würd nicht seine Flamme
von Hoffnung genährt.[7]

Ende 1846 begegnen sie sich wieder. Was ist in der Zwischenzeit nicht alles über Reuter geklatscht worden! Die ganze Umgebung weiß Bescheid über Fritz Reuter und seine Trinkerei dank des losen Mundwerks von Frau Pastorin Augustin. Doch er sieht erholt aus, frisch, der Aufenthalt bei seinem lieben Onkel in Jabel hat ihm gut getan. Er widmet Luise viel Aufmerksamkeit, für ihn gibt es keine andere. Sie bemerkt es wohl, und es gefällt ihr. Und er gefällt ihr. Sie setzt sich an's Klavier, sie spielt und singt, bezaubert ihn. Reuter ist fasziniert, nur diese Frau will er lieben. Die Erlaubnis, ihr schreiben zu dürfen, nimmt Fritz mit Dankbarkeit und Inbrunst in Anspruch. Eine hoffnungsfrohe Zeit bricht an, er schreibt an Luise am 6. November 1846 von seinen Träumen und Plänen, von seinem Aufsatz über Landwirtschaft, der im *„diesjährigen Volksbuch von Raabe abgedruckt werden wird und von mir herrührt. Die Richtung, die ich einschlage, und mit mir eine gewisse Anzahl anderer, ich kann dreist sagen, intelligenter Landleute, wird von den Anhängern der alten Schule bespöttelt und als Bücherwissen lächerlich gemacht … Gute Nacht, süße Luise, ich werde diese Nacht gewiß träumen von 6-8 Last culturfähigen Bodens und dreischüriger Wiesen und von mir als Herrn darauf und von Ihnen als meiner Herrin. Und über Jahr und Tag soll's kein Traum mehr sein, sondern die handgreifliche Wirklichkeit, wenn Sie es so wollen.*

Darum, gute Nacht! schöne Herrin der 6 Last culturfähigen Ackers und der dreischürigen Wiesen und möge der lustige Gott der Träume mich Ihnen vor die Augen führen in landwirthschaftlichen Stulpenstiefeln und Sporen und grünem goldbeknöpftem Jagdschniepel, die Reitpeitsche in der Hand und den Mund voll Spott, damit Sie morgen lachen können und meinen Geburtstag heiter begehen; – ach! wie gern hörte ich Sie lachen! Gute Nacht!

Der nächste Tag ist sein Geburtstag. Einer der glücklichsten seines Lebens, der ihn treibt, den angefangenen Brief in Versen fortzuführen. Seine Seele sei wie ein wilder Acker, meint er und hofft:

… wo das Unkraut also üppig sprießet,
Wird die goldne Saat sich üppig breiten,
Nicht die Fläche giebt der Pflanze Leben,
In der Tiefe sucht sie ihre Früchte,
In der Tiefe wirken alle Kräfte,
Nicht die Fläche wird die Erndte geben;
Wo die Wirkung trotzig überfließet,
Da wird Armuth nicht im Boden sein,
Kraft ist nöthig, daß das Unkraut sprießet,
Kraft ist nöthig zu der Saat Gedeih'n!
Darum jäte, liebes gutes Mädchen,
Jät' den wilden Acker meines Herzens,
Daß er reiche Erndte Dir einst trage,
Tausendfältig!

Haben Sie heute meine Bitte erfüllt und das Lied gesungen, um das ich bat und auch zur Dämmerung, dann haben sich unsere Gedanken begegnet … Diesen Brief werden Sie durch die dritte Hand, durch den Dr. Timm in Parchim erhalten, der so überaus gütig gewesen ist, mir eine schöne Arbeit auf den Hals zu laden, ich soll für ihn Notizen über Turnen und eine Geschichte des Friedländer Turnplatzes schreiben, dafür aber drehe ich ihm eine Nase und mache ihn, ohne daß er es ahnt, zum postillon d'amour, zu dem er sich schickt (verzeihen Sie den Ausdruck) wie der Esel zum Geigenspielen.

Liebe Luise, erhalten Sie sich gesund, spazieren Sie fleißig, ich bitte darum und denken Sie öfter eins an mich und wenn ich nicht zuviel bitte, so schreiben Sie mir bald, damit ich nur das Vergnügen habe, zum erstenmal Ihre Handschrift zu sehen. Leben Sie wohl! Ihr F. Reuter.[8]

Endlich, im Mai 1847, verloben sich die beiden. Der Reuter-Forscher Gaedertz, der Luise noch kennengelernt hat, berichtet, das sei im kleinen Giebelzimmerchen des Rittermannshagener Pfarrhauses geschehen. Und Fritz jubelt:

Liebe, süße Luise, Was soll ich Dir schreiben, was Dir sagen, wie Dir den ganzen heißen Dank eines glücklichen Herzens abzustatten? wie können diese todten Zeilen wohl jenen Weg zu Deinem Herzen finden, den das lebendige Wort fand? Oh, Luise, hättest Du damals in meine Brust blicken können, Du hättest einen Abgrund von Seeligkeit geschaut, Du würdest stolzer Dein schönes Haupt erheben, weil Du die Schöpferin solcher Wonnen warst. Wie lieb' ich Dich! wie denk' ich an Dich, wie denk ich für Dich! Tausend Pläne für Dein Glück tauchen in mir auf, mit dem gläubigsten, muthigsten Herzen verfolge ich sie, zu tausend Mühen und Entsagungen bin ich bereit, wenn es Dich, einen so herrlichen Preis, gilt ... Blicke um Dich, liebe Luise, es ist eine inhaltschwere Zeit, worin es dem Weibe wohl Noth thut, sich an den Mann anzuschließen, um nicht niedergetreten zu werden in dem rastlosen Treiben, es ist eine Zeit der Partheiung, ein Ringen nach einem neuen Werden, nicht etwa auf der Oberfläche der Welt, nein, in deren tiefstem Grunde, in die bescheidensten und verborgensten Verhältnisse dringend, zugleich hoffnungsreich und furchterregend. Diese Zeit ist für jeden denkenden Menschen verderbenschwangerer, als das brausende Meer, als der tückische Vulkan; darum, liebes Mädchen, schließe Dich an an einen Mann, der den Willen und, will's Gott, auch die Kraft hat, Dich zu schützen gegen die Stürme der Zeit ... Mein Leben ist in zwei Hälften getheilt, in die Erinnerung an Dich, an die Stunden, in denen ich mit Dir allein war und in die Hoffnung auf Dich, auf die Stunden, in denen ich mit Dir allein sein werde. Die Gegenwart geht spurlos an mir vorüber ... nun lebe wohl, mein holdes Mädchen, gedenke meiner, wie ich Deiner gedenken will und schreibe bald, ob Du noch so freundlich gegen mich gesonnen bist, wie Du es warst; was Du denkst, was Du hoffst, was Du fürchtest; Du weißt, daß es eine Brust giebt, die mit Dir alles fühlt. Luise, ich bin Dir auch gar zu gut! Lebewohl!
Auf immer Dein F. Reuter
Thalberg d. 10. Mai 1847

Ein Ungestümer, ein liebenswürdiger, wie liebt er sie! Luise ist glücklich. Ja, jäten wird sie müssen, doch ob dieser wilde, verkrautete Acker ihr einst Früchte tragen wird? Jetzt erst einmal genießt sie die Brautzeit. Sie gehen zum Tanz, und weil Reuter nicht tanzen kann, übernimmt der Wilhelm Klinge diesen Dienst; Klinge kommt aus Hannover, wird auch bald wieder dorthin zurückkehren, jetzt ist er wie Reuter bei Herrn Rust in Demzin angestellt. Fritz vertraut ihm, hat ihm in vielen langen Gesprächen seine Geschichte erzählt und oft aus Verzweiflung über sein verfehltes Leben geweint. Es freut Klinge ordentlich, den Mann nun so froh und gelöst zu sehen. So kommt wohl doch noch alles zum Guten.

Das gespannte Verhältnis zwischen Luise und ihrer Diensthertrin aber entlädt sich in einem offenen Zerwürfnis: ... *Bei uns kam gleich nach diesem so Manches ans Licht, und die Kuntze mußte urplötzlich abgehen ...*, kommentiert Amalie Augustin lakonisch[9]. In Rittermannshagen kann Luise nicht mehr bleiben. Sie nimmt in Ludwigslust, der Geburtsstadt ihres Vaters, eine Stelle als Erzieherin beim Hofgärtner und Gartenbau-Lehrer Carl Schweer an. Fritz ist traurig, er glaubt, daß sie dadurch der Annehmlichkeit des näheren Kennenlernens beraubt sind, sorgt sich auch um ihre Gesundheit. Luise nimmt es so, wie es kommt, dennoch – sie will die Verbindung mit Fritz nicht lösen, sie lädt ihn nach Roggenstorf ein, ihn den Eltern vorzustellen. Fritz, noch ein wenig im Zweifel, ob er nicht eine ungebührliche Last sein könne, nimmt die Einladung an, voller Sehnsucht: ... *Diese seeligen 14 Tage müssen wir recht ausbeuten um Kraft zu gewinnen für eine lange Trennung. Wie würde ich so glücklich sein! wie will ich Dich küssen, wie Dir so ganz angehören, Du sollst die Überzeugung noch mehr gewinnen, wie sehr ich Dich liebe. Du sollst mich fest an Dein liebes Herz drükken, und die schattige Laube soll Deinen lieben Worten lauschen, die meinen trunk'nen Ohren wie süße Lieder erklingen. Ich fürchte keine Kälte von Deiner Seite, ich weiß es jetzt, daß Du mich liebst, ich fürchte nur die Störungen von außen und diese müssen wir so viel, wie möglich beseitigen. Sei nur ja recht wohl! Bringe ja recht viele Noten mit, meinen Zeichenapparat bringe ich ebenfalls mit. Ach, liebe Luise, das wird eine glückliche Zeit, Dich 14 Tage hindurch zu hören, Dich täglich zu sehen, mit Dir unter einem Dache zu schlafen, Dich fort und fort zu küssen und Dir zu jeder Stunde sagen zu können, wie sehr ich Dich liebe! Wie werde ich mein Glück ertragen, wie die Zeit bis dahin aushalten! Wenn Du diesen Brief erhalten hast, setze Dich gleich hin und schreibe mir ein paar Worte ... Thue dies ja, mein liebes Kind, Du sollst auch 100 Küsse extra dafür erhalten ...*

Mit Wärme und Freundlichkeit kommen Mutter, Vater, Brüder und Schwestern von Luise ihm entgegen, die Eltern erkennen in ihm den Mann, dem sie ihre Tochter wohl anvertrauen wollen, obwohl eine glänzende Zukunft nicht zu erwarten ist. Fortan heißt er im Roggenstorfer Hause „der gute Reuter". Kostproben seines

Luises Vater, Pastor Wilhelm Kuntze. Zeichnung von Fritz Reuter.

dichterischen Talentes sind willkommen, und er gibt sie bereitwillig. Nach seiner Abreise schreibt er an Luises jüngere Schwester Caroline, das „Linchen", eine hübsch gereimte Reminiszenz seines Besuches nebst Dank für die Gastfreundschaft und mit der Bitte, das Schreiben an Luise weiterzuleiten.

Danach ist Fritz nun wieder zu Besuch bei seinem Freund Fritz Peters, dem Schwager von Reuters Lehrherrn Franz Rust, auf dessen Pachtgut in Thalberg. Durch ein Porträt, das Reuter von seiner Liebsten gezeichnet hatte, macht die Familie Peters Luises Bekanntschaft, und Reuter übermittelt der Braut gutgelaunt die

Thalberger Urtheile über Luisens Portrait.

Fritz Peters *(der sehr oft sich die Ansicht erbat): „Ja, es ist ein hübsches Gesicht!" – Anmerkung: Da er verheirathet ist und*

seine Frau eifersüchtig zu sein scheint, konnte er füglich nicht mehr sagen, geschweige sich darin verlieben, was offenbar gegen alle Moral.

***Madame Peters** (die augenblicklich sehr leidend ist, und deren Urtheil ich deshalb um so höher anschlagen muß, weil solche Stimmungen selten geeignet sind, gerecht zu sein): „Das ist ein liebliches Gesicht, so recht verständig, Mund und Kinn sind wunderhübsch." – Meine Antwort: „Madame, was die Lieblichkeit anbetrifft, so habe ich immer einen guten Geschmack gehabt; was die Verständigkeit anlangt, so haben Sie sehr Recht, sie kann erschrecklich verständig sein, und der Mund und das Kinn müßten schöner sein, um ganz ähnlich zu sein."*

***Großmutter Ohl** (die brave, mir sehr liebe Frau, von der ich Dir schon erzählt habe, muß wohl in solchen Dingen, wie das vorliegende, ein gesundes Urtheil haben, denn sie heißt Anna Maria Ohl und zeichnet ihre Wäsche A.M.O. oder amo, zu deutsch: ich liebe): „Ja, Herr Reuter, wenn ich ein Mann wäre, die hätte ich auch wählen können, sie sieht gar zu ehrlich aus!" (Ein goldenes Urtheil, meine Luise! gieb der alten Frau dafür einen Kuß!)*

***Schönermark** (von diesem ist nicht Gerechtigkeit zu erwarten, eben so wenig, wie von mir in gleichem Falle, denn er ist gleich mir ein eben fertig gewordener Bräutigam und hat, wenn er nicht, wie heute Morgen, Magenschmerzen hat, nur Sinn und Gedanken für seine eigene Braut): „Herr Reuter, ich muß sagen, daß es ein sehr kluges Gesicht ist." (Woraus ich schließe, daß seine Braut nicht so klug aussieht.)*

***Auguste Haase** (die einzige, die Dich kennt, nämlich von Serrahn her, wo sie bei Blänks die Wirthschaft erlernte): „Mein Gott, wie ähnlich!" – Ich: „Finden Sie das wirklich?" – Sie: „Ja, wenn nicht die Nase zu spitz ist." (Sie enthielt sich jeglichen Urtheils über das Gesicht selbst, weil sie, da sie selbst Braut ist, vielleicht aus Erfahrung weiß, daß die Bräutigams Alles schön finden an der Braut.– Ein recht verständiges Mädchen, diese kleine Haase.)*

Luise Kuntze. Kreidezeichnung von Fritz Reuter.

Anhang

*Dialog gehalten zwischen **mir** und unserm **Stubenmädchen Friederike** (plattdeutsch).*

Ich: „Friederik!! Oh, Friederik, bring' mal 'n beten frisch Water!"

Sie: „Ja, gliek!" (will die Wasserflasche nehmen und erblickt die Zeichnung. – Unverständliche Ausrufe des Staunens und der Bewunderung. Die Töne werden artikulirter und klingen nach und nach wie gewöhnliches Plattdeutsch.) „Herre Je! wer sall dat sin?"

Ich: „Oh, Keine!"

Sie: „Sall dat Schönermarcken sin Brut sin?"

Ich: „Ne."

Gottlieb Theodor Christian Kuntze, der nach Australien auswanderte, wo sich seine Spur verlor. Kreidezeichnung von Fritz Reuter. Im Fritz-Reuter-Literaturmuseum.

Friedrich Carl Kuntze, der jüngste Bruder von Luise, wanderte nach Amerika aus und verdiente mit Klavierunterricht und Barmusik seinen Lebensunterhalt. Sein letzter bekannter Aufenthaltsort ist Guajaquil in Ekuador. Kreidezeichnung von Fritz Reuter. Im Fritz-Reuter-Literaturmuseum.

Sie: „Na, wer't ok sin sall, dat Frugensminsch lett gaud." (Pause.) „Sei süht frielich man smeig ut, äwer dat klehrt beter, as wenn 'n so dick un plutschig utsüht." (Pause.) „Dit is dat Hübscht, wat Sei hier malt hebben." (Pause. – Im Abgehen mit der Wasserflasche.) „Un so 'n lütt Mul hett 's!"

Anmerkung: Bedanke Dich bei Friederike, denn sie hat gewiß aufrichtig gesprochen, weil sie selbst nicht sehr smeig, sondern sehr dick und plutschig aussieht und ihr Mul nicht zu den lütten gehört.[10]

Fritz schwebt. Seine langen Briefe an Luise vermitteln Zukunftsträume, die einzig und allein von ihr abhängen werden. Die Stunden in Roggenstorf erscheinen ihm die glücklichsten seines Lebens:

… und Du warst der Engel des Lichts, der mit dem sanften Fittig der Liebe und der Hoffnung mich umflog im Wachen und im Traum, Du warst mir der sichtbare Bote von oben, der Träger himmlischer Verzeihung und einer neuen Weihe. Mein Herz fordert mich laut auf, Gott zu danken und Dir. Es ist ein überschwengliches Glück, daß gerade Du es sein mußtest, Du, die ich erwählt von allen andern Menschenkindern, die auch der Herr erwählte, daß sie mir beistände, mich tröstete, mich leitete, mich führte auf die Bahn des Guten und Wahren. Wie so trostlos verließ ich

Dich vor einem Jahr, Deine jetzige trübe Stimmung kann nicht so vernichtend sein, als die meinige; es war das Grab meiner letzten Hoffnung, das sich über das unruhige Herz geschlossen hatte und nur in der Erlaubnis an Dich zu schreiben, dämmerte mir ein entfernter Schein von unbestimmter Aussicht, Dir wenigstens zeigen zu können, daß ich Dich liebte, wenn auch hoffnungslos und wie ich Dich liebte. Und hat sich für mich nicht alles zu der höchsten edelsten Freude verklärt, sind dem erzwungenen Kusse des Mitleids nicht die freundlichen, vertrauenden, hingebenden der Liebe gefolgt? hat sich die in Kummer und Thränen gesäete Saat nicht herrlich in dem Sonnenscheine des Glückes entfaltet ... Meine angebetete Luise, ich beschwöre Dich auf meinen Knieen, laß nicht die Hoffnung auf eine Zukunft voll Glück und Liebe fahren, sie wird kommen; ... jemehr Kummer Du jetzt erduldest, desto weniger hast Du vor Dir. Wenn die Sonne am Morgen in allem ihren Glanze scheint, giebt es am Abend Unwetter; aber wenn sie sich am Morgen in Wolken hüllt, folgt ein heiterer Abend. Ein heiterer Morgen ist schön, aber ein heiterer Abend ist schöner. Lieblich ist ein lächelndes Kind, wenn aber auf dem Abend des Lebens, auf den welkenden Lippen des Greises ein Lächeln sitzt, dann ist der Anblick noch schöner, erhebender ... Auf immer Dein Fritz

Vom November 1847 bis Januar 1848 begibt sich Fritz Reuter zur Kur nach Bad Stuer und meint, als er der Schwiegermutter von Fritz Peters, der guten Großmama Ohl, vom Nutzen dieser Kur berichtet, daß so eine Kur wohl auch für seine Braut recht heilsam sein würde: *... sollte ein vernünftiger Arzt es nicht geradezu verbieten, so werde ich darnach trachten, daß sie hierherkommt, denn die Wirksamkeit der Cur muß jeder anerkennen, der sie sieht; aber sie kann unter Umständen lange währen ...*[11]

Bei Schweers in Ludwiglust fühlt sich Luise nicht wohl. Das Frühjahr 1848 verbringt sie wieder zu Hause in Roggenstorf; die heftigen Kopfschmerzen, unter denen sie ihr Leben lang leiden wird, machen sie zuweilen hilflos, jede Bewegung bereitet ihr Qualen. Fritz, der inzwischen im Stavenhagener Reformverein *ein arger Politiker geworden* ist, wie er an Marie Peters schreibt, macht sich Sorgen um seine Braut. Doch jetzt kann er nichts für sie tun, er will nach Schwerin, dem Außerordentlichen Landtag beiwohnen. Dort verfällt er wieder einmal seinem alten Leiden, liegt vom 5. bis zum 30. Mai im Schweriner Krankenhaus, eingewiesen wegen Säuferwahnsinns; bei der Entlassung notiert man: *... sprang aus Nr. 14 zum Fenster heraus.*[12] Luise ist bitter enttäuscht, denkt über ihren Entschluß nach, zögert, und wieder beschwört Fritz sie, fleht sie an, sich nicht von ihm abzuwenden, bettelt um ihre Liebe, zieht alle Register seiner Beredsamkeit, ihr Mitleid zu gewinnen.

Meine gute, theure Luise, ... Zürnst Du mir? – oh dann will ich nichts weiter sagen, als „Vergieb mir" und will dies Wort wiederholen, bis es eine freundliche Antwort der innersten Stimme Deines Herzens entlockt ... ich werde Dich doch ewig lieben. Ach, wenn ich Dich nicht hätte und meine Schwester, dann wäre ich wohl verloren und mein Herz würde untergehen an der Kälte der Welt; ich klammere mich mit aller Kraft an Euch beide, und doch ist mein Gefühl für Euch beide so verschieden! ... Gott erhalte Dich und tröste Dich! Nimm diese wenigen Zeilen freundlich auf und denke mit Vertrauen an eine bessere Zeit. Ich bin für Dich immer derselbe; ach, den-

Luise Kuntze als Braut. Kreidezeichnung von Fritz Reuter.

ke nicht hart über mich. Lebe wohl – Dein F. Reuter. Schwerin, d. 28sten May 1848

Luise verzeiht. Wieder einmal, wie sie noch hunderte Male verzeihen wird. Die drei Jahre des Fernhaltens von geistigen Getränken, die der Vater seinem Sohn testamentarisch auferlegt hat, beginnen also neu, bevor er in den Genuß der Erbschaft kommen wird. Die Kuratoren Grischow in Stavenhagen und Fritz' Onkel Ernst Reuter in Jabel wachen über ihn und sind streng, wie sie es einst dem Bürgermeister Reuter versprochen haben. Die Hochzeit wird noch lange auf sich warten lassen.

Vom Sommer 1848 bis Ostern 1849 nehmen Marie und Fritz Peters Luise in Thalberg auf, denn noch immer verfolgt Reuter ja den Wunsch, Landwirt zu werden, und seine zukünftige Frau soll sich bei seinen Freunden in den häuslichen und landwirtschaftlichen Kenntnissen vervollkommnen. Reuter bemüht sich weiter um eine Stellung, unter anderen bittet er – vergeblich – Hermann Stolzenburg, Gutsbesitzer auf Goldbeck in Hinterpommern:

... mir bei Ihnen in Ihrer Wirthschaft Aufenthalt und Beschäftigung zu gewähren. Diese letztere thut mir sehr Noth, denn wenn ich in Stavenhagen auch einen Aufenthalt habe, so ist es mit der Beschäftigung und namentlich mit dem practischen Betriebe der Landwirthschaft doch sehr schlecht bestellt ...[13]

Marie Peters wird Luises Freundin. Natürlich hat auch Marie Reuters Alkoholkrankheit kennengelernt, beide Frauen sind immer wieder heftig verstimmt darüber; sowie er aber zerknirscht und reuevoll, dann heiter und charmant vor ihnen steht, verfliegt der Ärger über die – wie sie und auch die Ärzte meinen – unselige Leidenschaft. Luise kann sich Marie anvertrauen, ihr alle ihre Zweifel offenbaren.

Die Bemühungen Reuters, eine Anstellung zu bekommen, scheitern. Wer will einen Volontär, der fast schon über die besten Mannesjahre hinaus ist, der gewiß Ansprüche stellen wird; man fährt besser mit einem jungen. Reuter kehrt aus Stavenhagen, wo er zuweilen bei seiner Halbschwester Sophie ein kleines Zimmer bewohnt, wieder nach Thalberg zurück. Verlobte sollen nicht lange Zeit unter einem Dache wohnen, gebietet die Kirche; Luise tritt im Sommer 1849 eine Stellung beim Rittergutsbesitzer Hilgendorff, einem früheren Schulkameraden von Fritz, in Klein Teetzleben an.

Fritz Reuter arbeitet gern bei seinem Freund in der Landwirtschaft. Als der Wirtschafter des Thalberger Freundes zum Militär muß, vertritt ihn Fritz, natürlich ohne Vergütung, Freundesdienst ist das. Auch als die Peters' verreisen, hütet Fritz das Haus, bei den Kindern und dem Personal gleichermaßen beliebt.

Er ist nun mehr und mehr geneigt, auf das Testament, mit dessen Bestimmungen ihn der Vater noch aus dem Grabe heraus regiert, ja gängelt, keine Rücksicht mehr zu nehmen, will sich verheiraten, will sein Leben in die eigenen Hände nehmen, sei es auch um den Verlust eines – ohnehin verletzend geringen – Erbes. Reuter nimmt den Vorschlag des Justizrates Schröder, den er durch Fritz Peters kennengelernt hat, an, dessen Sohn Richard zur Vorbereitung auf das Anklamer Gymnasium zu unterrichten, siedelt nach Treptow an der Tollense über und wird Lehrer.

Seine Braut träumt zwischen Kindern und Küche von ihrem kleinen Glück und ist zufrieden.

Teure, teure Klara! ... Du bist dem Ziele Deiner Verheiratung näher, als ich. Unsere Hochzeit wird erst im Frühlinge stattfinden. Ostern kehre ich zu den Eltern zurück – meine Ausstattung wird schon diesen Winter von den beiden jüngsten Schwestern zu Hause genäht –, und gegen Pfingsten heiraten wir. – Durch S. hast Du wohl erfahren, daß ich jetzt in Teetzleben bin; ich gebe täglich einige Stunden und befleißige mich nebenher in der Küche. Man muß doch auch ein Gericht kochen können. Eine Landwirtschaft bekomme ich nicht. – Reuter ist in Treptow aufgenommen und giebt Unterricht. Vielleicht richten wir einmal ein Institut ein. Vor der Hand werde ich Musikstunden geben, vielleicht auch französisch. Wir werden schon unser Brot haben. Sicherheit gewähren Reuters Zinsen einigermaßen, und ich ziehe diese Lebensweise bei weitem einer Landwirtschaft vor. Mein Reuter liebt mich mehr noch, als früher, und mir ist der gute, herrliche Mensch ans Herz gewachsen; – wir sind recht für einander geschaffen und werden gewiß glücklich ... Meine Eltern und Geschwister sind wohl und gesund – ich sah sie erst vor sechs Wochen. Ich selbst leide oft recht an Kopfschmerzen – das ist eine Plage ...[14]

Ja, Luise will ihn heiraten, und ihr Fritz wird sich in der Gewalt haben, wird schließlich ganz aufhören zu trinken, dann werden sie glücklich leben.

Treptow, Mai 1851. Meine liebe, einziggeliebte Luise! ... Mein Schreiben ist traurigen Inhalts und nur Deine Liebe und die Gewißheit, ohne Dich nicht leben zu kön-

nen, giebt mir den Muth zu der Nachricht, daß ich wieder gefallen bin. – Ach das ist schlimm, so lange habe ich mich gut gehalten, so lange bin ich muthig geblieben und nun so kurz vor dem Ziele, so kurz vor dem lang ersehnten Ziele! – Es ist wahr, der Anfall war kurz und ist leicht überstanden, nur 2 Tage setzte ich meine Stunden aus; aber ich fühle es, in der Sache selbst ist dadurch nichts geändert.

Luise, meine engelgleiche Luise, laß noch einmal Deine Liebe zur verzeihenden werden, glaube mir, so kann es nicht wieder werden bei Deinem Hiersein … Gestern Abend saß ich so einsam hier im Zwielicht … und da wurde mir so vertrauend zu Sinn, ich dachte, wenn Du hier wärst, dann würde Alles gut sein, dann müßtest Du mir vergeben. Ach, wenn so ein Anstoß vorbei ist, dann ist mir so krank, so reuevoll ums Herz, dann ist mir, als könnte es nie wieder kommen, als müßte ich besser werden und zuletzt doch gut, als könnte ich nicht untergehn in dieser frevelhaften Lust … Fasse Dich jetzt nur, gehe in den Garten, weine Dich aus, denke, daß ich Dir viel Trübsal gemacht habe, daß ich Dir doch auch wieder viel Freude machen kann und werde; oh, Du liebes, liebes Mädchen; denke doch daran, wie süß Du es mir einst vergabst, wie wir Beide so seelig gerührt waren; wie die Versöhnung so schön und die Verzeihung die Liebe so reich macht …

Bestürzt erfährt Luise von dem abermaligen Rückfall. Soll denn das gar kein Ende finden? Selbst jetzt noch läßt er sich gehen, versäumt gar seine Stunden. So weit überlegen ist ihr dieser Mann in Geist und Witz, doch immer, immer wieder nicht Herr seiner selbst. Soll sie in ihm noch ein Kind beaufsichtigen? Nein, sie kann ihn denn doch nicht heiraten, wird sich schweren Herzens von ihm trennen müssen. Es gibt keine Hoffnung mehr in ihr.

Liebste Marie, Dank Dir für Deine theilnehmende Mittheilung! Ich habe kummervolle Stunden gehabt und bin noch so voll innerer Angst. An meine Mutter konnte ich nicht schreiben, paar Mal vergebens ergriff ich die Feder. – Man kann keinen bestimmten Entschluß fassen. Ach, unter heißen Thränen hab ich gestern Morgen die Briefe zusammen gepackt und versiegelt und kann es doch nicht übers Herz bringen, sie dem armen Gefallenen zuzusenden. Es wird Allen geholfen und am Ende Alles gut. Das soll und wird mich trösten. Mit Gottes Hülfe überwindet man den bittersten Kelch. Leb wohl! Ich drücke Dich ans Herz. Ich schriebe mehr, aber die Kinder warten meiner. Deine Luise. Vielleicht spreche ich morgen vor bei Dir. [15]

Marie, die gute Marie wird ihren Schmerz verstehen. Und Freund Peters greift zu einer Gewaltkur: … *Wie Sie sich … wohl denken können, so war dies Leiden sehr geeignet, Reuters Braut zu bestimmen, ihn nicht zu heiraten. Die Gute schwankte daher auch lange, auch selbst noch, nachdem sie schon eingewilligt hatte. Ich nahm daher ein Mal Veranlassung, die Braut während Reuters Privatlehrerzeit in Treptow zu ihm zu führen, als er … krank war. Es war ihr der Anblick fürchterlich und sie litt lange und viel in Folge dessen, entschloß sich aber danach, wie ich glaube, in der Hoffnung, sie werde es über Reuter vermögen, ihn von dem Leiden zu heilen, ihn zu heiraten … Und was ist es für unseren Freund für ein Segen gewesen, ohne seine Frau wäre er sicherlich zu Grunde gegangen …* [16]

Fritz Reuter zittert, bangt noch um seine Luise. Hat sie ihm verziehen, hat sie den Schmerz überwunden?

Treptow an der Tollense, das heutige Altentreptow im Landkreis Demmin. Stich um 1850.

Treptow, 28. Mai, Liebe, theure Luise ... Du siehst, ich habe Wort gehalten und Dir sogleich mein eigen Verderben gemeldet, Dich zur Richterin gemacht, nun sei auch gnädig ... Du kannst nicht glauben, was ich von Dir halte, Du kannst nicht glauben, wie mir's ums Herz ist ... lebe wohl, sei so gesund, als Du es kannst, und verklage mich nicht zu sehr in Deinem Herzen.

Auf immer und ewig Dein F. Reuter

Luise ist unschlüssig, immer noch. Sie kann sich's noch überlegen, aber die Formalitäten für ihre Übersiedelung in das preußische Treptow sind schon begonnen, das Aufgebot hat Reuter nicht abbestellt. Alle die Bekannten und auch die Verwandten, die sie gewarnt haben vor diesem Mann, würden recht behalten, fürchterliche Demütigung stünde ihr bevor, Schande! Entschuldigungen für seine unglückliche Lage findet sie allemal. Er wohnt so ohne häusliche Wärme; seit seinem 16. Lebensjahr, seit dem Tod seiner Mutter hat er ja Liebe bitter entbehren müssen. Jetzt in Treptow muß er in das Wirtshaus gehen, wenn er essen will, sogar für das tägliche Bedürfnis, welche Anfechtung Tag für Tag! Es geht diesem Mann schlecht, sie weiß es, und doch – sie bleibt vorsichtig. Läßt das Leinenzeug ihrer Aussteuer nun mit ihrem Mädchennamen zeichnen. Reuter bemüht sich indessen, seine Verfehlung, die er schmerzlich bereut, wieder gutzumachen, demütig und ehrlich. Und wartet atemlos auf Luises Verzeihung.

... Gott gebe, daß dies keine Täuschungen von meiner Seite sind; würde ich jetzt durch Dich bestraft, dann wäre es für mich zu hart, aber ich glaube nicht daran, ich vertraue fest auf Dich, die Du so gut und liebend bist und die Du nur allein

weißt, daß die innigste Liebe für mich von Deiner Seite mich trägt und hält. Wärst Du jetzt hier gewesen, es wäre nicht geschehen. … Wie ich mich sehne nach der ruhigen Häuslichkeit! Nur darin wird mir ein Heil erblühen, darin nur mir Frieden werden und Du, Du, meine Luise, bist die gütige Fee, die Alles dies mir spenden soll. – Oh! ich denke wohl mit sehnsüchtigem Verlangen an den Tag, der mir das Recht giebt Dich zu besitzen, Dich ganz mein zu nennen; aber wahrlich mehr noch denke ich an den Tag, weil er mir das Recht giebt, Dir Dein Leben zu kränzen mit Vertrauen, Treue und Liebe und mit jenen tausend kleinen theuren Beziehungen, die wir Deutschen mit dem uns nur eigenthümlichen Worte Gemüthlichkeit benennen … Laß mich zu Dir kommen, geliebte Luise, tadle mich, lege mir harte, zweckmäßige Bedingungen auf, aber stoße mich nicht zurück! … Sei gut! sei wieder freundlich! und schreibe mir bald … Wie sehne ich mich, Deinen süßen Leib zu umfangen, den irdischen Tempel Deiner innern Lieblichkeit, wie drängt es mich zu Dir, den schönsten Tag des Erdenlebens an dieser trauten Brust zu feiern, ihn mit dieser liebenden Seele in Gemeinschaft zu genießen und mich in seinen Wonnen zu versenken! Wie thöricht kommt es mir vor, wenn ich an Rogg. und seine Stille, wenn ich an das Vaterhaus und seine Bewohner denke und an seine Idylle, wie thöricht kommt es mir vor, so ein Fest nach einem Balle zu feiern, ein Gejubel von Hunderten um sich nöthig zu haben, wo jede Regung der Seele, jede Fiber des Körpers in Jubelgesang aufgelöst ist, wo man jubelt und doch stumm ist, wo man in Entzücken schwelgt und doch weinen möchte, wo man größern Sorgen, ernstern Pflichten entgegentritt, und doch so glücklich ist! … Willst Du den traurigen Inhalt des Briefes mittheilen, so sage ihn Mutter allein und mache mir nicht die Beschämung bei den übrigen Geschwistern; Vater verzeiht ihn mir, glaube ich, auch zu Mutter habe ich ebenso ein Vertrauen … Nun scheide ich für heute, laß mich nicht lange in der peinlichsten Erwartung meines Lebens und denke daran, was ich Dir sein werde, wenn Deine Liebe fortfährt die Dämonen meines Herzens zu verscheuchen. Und denke daran, daß es Dir doch nichts hülfe, daß ich doch nicht aufhören würde zu sein und zu bleiben Dein F. Reuter

Im Elternhaus in Roggenstorf gibt es nun viel Arbeit. Die Aussteuer wird genäht, die Verzögerung durch das Hin und Her, durch Luises Unschlüssigkeit, muß aufgeholt werden, aber die Schwestern helfen ja gern mit. Jetzt erweist sich die Nützlichkeit des Unterrichtes in Lübeck, Luises Hände sind geschickt, Lieblingsschwester Caroline kann sich nicht genug wundern, wie schön die Handarbeiten werden. Ach, Linchen möchte auch heiraten: *Du mußt mir den Schleier nähen, willst Du?* Luise verspricht es, immer wird sie für die Geschwister da sein, wenn sie auch zu Reuter nach Treptow ziehen wird.

Reuter unterdessen arbeitet, holt die Stunden nach, die er durch seine Eskapaden hat ausfallen lassen, gibt einige Stunden im voraus, die durch seine Hochzeit ausfallen werden, und bestellt den Garten. Luise bekommt genauen Bericht, was und wieviel von jeder Sorte er anpflanzt. Doch er sorgt sich auch um andere praktische Dinge, und das tut ihr wohl.

Liebe Luise, Diesen Brief schreibe ich sehr rasch und durch die Nothwendigkeit dazu gezwungen. Heute Dinstag d 3. Junii über 8 Tage also am 10. d. M. denke ich von hier abzureisen, ich muß also die verlangten Verzeichnisse, sowie das Attest Deiner Ortsobrigkeit spätestens bis dahin haben, um es hier einreichen zu können, doch ich muß es am 2. Festtage haben, ich bitte Dich nun dies ja und ja nicht zu versäumen, sonst giebt es Verwirrung über Verwirrung. Heute erwartete ich mit Bestimmtheit einen Brief von Dir; er ist jedoch nicht gekommen und so mag derselbe denn wohl morgen eintreffen. Vergieß nichts von Deinen Sachen bis zum Schuhzeug herunter, sonst sind Unannehmlichkeiten die Folge. Der Bücherschrank, der Tisch und die Bank in der Küche sind bestellt; Madame Peters sagte auch von Böttchergeschirr. Ach, wenn doch diese Geschichten erst in Ordnung wären! ich weiß mich schlecht mit solchen Dingen zu behaben ... Wie geht es Dir, meine liebe, liebe Luise, bist Du noch sehr traurig, oder hast Du neuen Muth gefaßt! Laß es gut sein, es wird Dir nie Leid werden, daß Du so lieb und gut gewesen bist, mir wird dies ewig vor Augen stehen, so wie es in mein Herz mit unauslöschlichen Zeichen gegraben ist. Ich bin nur bekümmert, daß ich noch keinen Brief habe, ich fürchte grade nichts Uebles, aber mir gehts wie den Uebelthätern, die durch jedes Ungewöhnliche in Furcht versetzt werden, sei es auch nur eine unbestimmte. – ... Heute über 14 Tage, meine süße Luise, heute über 14 Tage ist der Tag, an welchem wir endlich verbunden werden; wie unendlich ersehnt ist für mich dies Ziel, wie glücklich bin ich in dem Gedanken, daß Du mein wirst und daß ich Dir gehören soll. Glaube nicht, daß es bei mir die Freude allein ist, die darüber in meinem Herzen laut geworden ist, auch der Ernst und der Vorsatz, Dir alle Deine Liebe reichlich zu vergelten, haben darin ihre Stimmen erhoben; und Du wirst gewahr werden, daß, wie groß auch meine Leidenschaft für Dich ist, meine Liebe doch noch größer ist. Laß uns den Tag im Voraus feiern und nimm mein Gelöbnis an, daß ich Dich ernstlich lieben will und Dich für Dein Leid durch alles Gute belohnen will. Meine süße, liebe, kleine Luise! ... Du wirst jetzt mein liebes, süßes Weib und Alles will ich Dir zu Liebe thun, was in meinen Kräften steht; gewiß soll mich keine falsche Scham abhalten, Dir zu folgen, denn ich weiß, Du wirst Deine Gewalt über mich nicht mißbrauchen ... Lebe wohl, Du meine einzige Luise, lebe wohl bis wir uns wiedersehn, um uns nicht mehr zu trennen und küsse mich in Gedanken, wie ich es thue. Auf immer Dein [Fritz Reuter] Treptow, d 3. Junii 1851

DIE JUNGE EHE

Dunn singt in den Goren de Nachtigal;
Sei singt von de twei Beiden,
Von nümmer, nümmer Scheiden,
Von Leiw un Tru un Seligkeit,
Von't Glück an'n eig'nen Hird:
Wat Jeder ahnt un Keiner weit,
Dorvon giwwt Nachtigal Bescheid ...[17]

Herr Heinrich Ludewig Christian Friederich Reuter, Rentier in Treptow an der Tollense wurde mit seiner Verlobten, der Jungfrau Maria Luise Charlotte Kuntze in Roggenstorf am 16ten des Monats Juny im laufenden Jahr 1851 allhier in der Kirche durch den Herrn Praepositus Schliemann aus Kalkhorst ehelich eingesegnet. Aus dem hiesigen Kirchenbuche wird Vorstehendes hiermit auf's Bündigste bescheinigt. Roggenstorf, im Großherzogthum Mecklenburg – Schwerin, am 30ten Juny 1851. Kuntze, Pastor[18]

Eine schöne Hochzeit ist es, alle Geschwister zusammen und die Freundinnen

Die 1960 angebrachte Gedenktafel am Roggenstorfer Pfarrhaus wies lediglich auf den Dichter hin. Seit dem 27.9.1997 heißt das Dorfgemeinschaftshaus in Luises Heimatort „Luise-Reuter-Haus“.

von Luise auch. Am Donnerstag darauf gibt Eleonore Dorothea Kelling dem Bruder Luises, Wilhelm, das Jawort, so wird beides in einer großen Feier abgemacht. Doch Wermutstropfen fallen auch in den Freudenbecher: Die Verwandtschaft von Fritz ist nicht zur Hochzeit erschienen, selbst Lisette nicht, die geliebte Halbschwester. Von der anderen Halbschwester Sophie, der Haupterbin des väterlichen Vermögens, war nichts anderes zu erwarten. Die Hochnäsige läßt ja nicht nur Luise, sondern auch ihren Bruder stets abblitzen; Fritz hat sich wahrlich gegrämt, als er, schon lange aus der Festung, schon längst in landwirtschaftlichem Dienst stehend, nicht mal zur Taufe von Sophies Tochter Eleonore, Lorchen, geladen war. Die Stavenhagener distanzieren sich von ihm. Und obwohl Luises Vater, der Pastor, für die Abhaltung der Trauzeremonie von Wilhelm gesund genug ist, bei ihr und Fritz muß der Präpositus Schliemann aus dem nahen Kalkhorst einspringen. Einerlei. Luise und Fritz sind selig. Sie wird nur für ihn leben. Und wie dankbar empfängt und erwidert er ihre Liebe, Luise ist sich der Richtigkeit ihres Entschlusses sicher. Alles wird sie für ihn tun, wird ihm Mutter, Hausfrau und Geliebte sein. Sie wird alles aufholen und gutmachen, was das Leben an ihm gesündigt hat. Es entspricht ja Luises Naturell, ihrer Erziehung und Erfahrung, sich um Reuter zu kümmern. Luise ist sein Halt, seine Muse, seine Pflegerin. Doch auch sie sucht in ihm die Stütze, den älteren, klügeren, fürsorgenden Mann. Sie brauchen einander.

Spätere Generationen werden am Roggenstorfer Pfarrhaus auf einer 1960 angebrachten Tafel von dem Hochzeitsfest des Fritz Reuter lesen können, Luise wird auf der Gedenktafel an ihrem Elternhaus nicht genannt sein.

Das Leben in Treptow beginnt bescheiden. Fritz Reuter und seine Frau ziehen in eine Wohnung beim Färbermeister Menz, Luise richtet sie wohnlich ein. Fritz gibt Stunden, auch sie unterrichtet einige wenige Kinder in französischer Sprache und in Musik. Anna, die Tochter des Superintendenten Schumacher, liebt den Unterricht bei den Reuters, denn manchmal liest der Lehrer seinen Schülern eins von seinen gerade geschriebenen Läuschen vor: *... dann öffnete sich wohl die Nebentür, sein Lowising kam strahlend herein, lachte herzlich mit und fragte: „Ist das nicht nett?“ Er aber scherzte, daß seine Frau ihm dabei geholfen, neckte sie überhaupt sehr gern, zum Beispiel: „Sehen Sie mal, Anning, das hübsche Kleid hat meine Frau sich wieder ganz allein gemacht, und was die Hauptsache ist, das hat sie noch alles gehabt!“ Diese Redensart brachte er oft an, wenn sie sich eine ihrer niedlichen Toiletten zusammengeschneidert hatte; er wollte damit sagen, wie wenig sie koste. Für mich war seine Luise höchst interessant, sie sprühte von Geist und Leben ...*[19] Ja, das Schneidern geht in der ersten Zeit noch besser als das Kochen, es werden schon mal große Fladen aus den beabsichtigten Frikadellen, doch Fritz ist nachsichtig. Schön sind die Abende, wenn sie gemeinsam lesen, besonders der Scott'sche Ritter Ivenhoe beeindruckt Luise. Und Tuck, der dicke Mönch, der lebenslustige. Eigentlich ähnelt der ihrem Mann, findet sie, und aus „Fritz“ wird „Tücking“. Nur sparsam muß sie sein, das Geld zusammenhalten. Die schöne Schleife kauft sie heimlich auf Pump, und das liebt ihr Reuter so gar nicht. Doch sie beichtet und verspricht, sich fortan mehr zu bescheiden. Gottlob, die anspruchslose Lebensführung soll sich später ändern.

Der Freundeskreis vergrößert sich bald; Reuter und mit ihm seine Frau gewinnen die Zuneigung der Treptower, beide sind ob ihres freundlichen, heiter-verbindlichen Wesens sehr beliebt. Reuter als Stadtverordneter verkehrt mit allen wichtigen Leuten im Ort, er wird geachtet, mit ihm auch sie. Luise ist eins mit ihrem Mann und seiner Arbeit, teilt seinen Erfolg und den Mißerfolg, ist erstes – freundliches – Publikum für seine Werke. Mehr und mehr wird sie auch einbezogen, denn sie besorgt das überaus lästige, doch so notwendige Korrekturlesen.

Die Kopfschmerzen werden schlimmer, unerträglich gar. Luise geht im Sommer 1854 zur Kur nach Boltenhagen. Oh, wie wird sie von Fritz vermißt: *Meine liebe kleine Luise, Wenn ich des Abends spät zu*

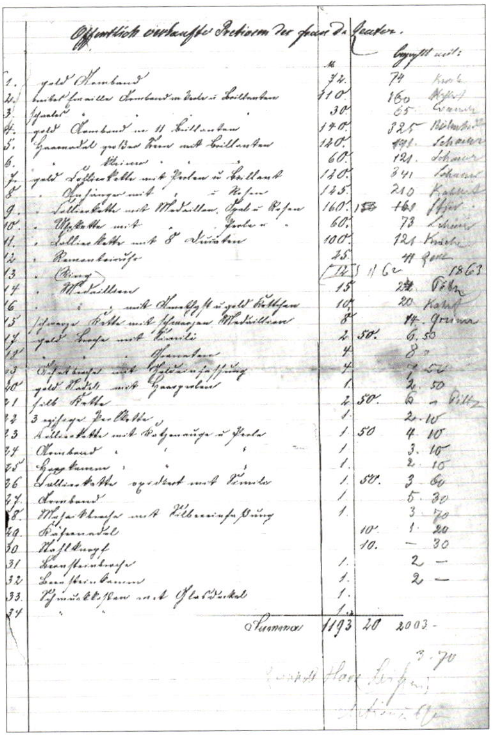

Als nach dem Tode der Luise Reuter die Gegenstände verkauft wurden, die nicht notwendig zu einem „Reuter-Museum“ gehörten, kamen auch die Pretiosen zur Versteigerung.

Bette gehe, so fällt mir Deine Abwesenheit doch recht sehr schwer aufs Herz, es ist dann Alles so still um mich her, selbst die Uhr schlägt nicht den gewohnten Pendeltact, warum? weil ich es regelmäßig vergesse sie aufzuziehn. Die letzte Nacht war es schrecklich unheimlich bei mir, dreimal bin ich aus dem Bette gewesen, denn das furchtbarste Unwetter hat uns heimgesucht: ein Regen, wie ich nie ihn erfahren habe; Schornsteine sollen eingestürzt sein; fast in jedem Hause sind die Kalkdecken eingestürzt; die Tollense ist über die Ufer getreten, die kleine Tollense hat in den Häusern gestanden, … – Es ist nach zehn Uhr, während ich dies schreibe; aber ich dachte, ich wollte einen sehr fleißig hingebrachten Tag durch einen herzlichen Brief an Dich beschließen. Ich habe heute über 10 Druckseiten Polterabendgedichte gemacht; im Ganzen seit Deiner Abwesenheit weit über einen Druckbogen. Weißt Du wohl? nach unserer früheren berüchtigten Läuschen-Rechnung macht das gegen 20 th … Was unsre Häuslichkeit betrifft, so ist Alles in bestem Wohlstande, namentlich Marieken, sie nimmt grade nicht an Weisheit und Verstand zu; aber doch an Fett, sie kann jetzt schon an einem Wurstladen als Aushängeschild gebraucht werden. Dabei muß ich ihr jedoch zum Ruhme nachsagen, daß sie das alte humane Sprichwort „Leben und leben lassen" getreulich sich zur Richtschnur ihres Wirkens gemacht hat; sintemal sie mich regelmäßig und im Ganzen zweckmäßig abfüttert; ja sie dehnt ihre Fürsorge auf meinen äußeren Menschen aus, indem sie mir die Chemisettebänder unter's Halstuch steckt und mir auch andere Rendlichkeit anthut. Neulich jedoch mußte ich laut lachen: ich kam am Sonntage von Tützfratz, sehr bestäubt, ich kleidete mich also um und wollte zu dem Trompeterconcert in den Algenstädtschen Garten gehen, als sie mich förmlich arretirte und mir die innigsten Vorstellungen machte, wie ich wohl mit einer Mütze dorthin gehen könne; ich müsse einen Hut aufsetzen: Ganz wie Du, kleine Dirn, ganz wie Du! … Die Uhr ist jetzt halb zwölfe, mein liebes, gutes Kind und ich geh zu meinem einsamen Strohwittwer-Lager, während ich viel und so recht innig an Dich denke. Ich hoffe, wir sehn uns gesund und recht, recht froh wieder, wir werden durch diese kurze Trennung zu der unumstößlichen Wahrheit kommen, daß wir ohne einander doch nicht glücklich sind und werden gewiß darnach aufs Neue unser Leben einrichten. Gott erhalte Dich mir und mache Dich gesund, wie er mich so umschaffe, daß Du Freude an mir habest. Schreibe nur bald, ich sehne mich sehr nach einem Brief von Dir. Oh! wärst Du doch jetzt hier! Mit der innigsten und aufrichtigsten Liebe

Dein Fritz

Wie Luise ihren Fritz liebt, liebt sie auch seine Briefe, liest sie wieder und wieder, hebt sie auf ihr Leben lang. Reuter plant, sie abzuholen, und sie freuen sich auf ihr Wiedersehen: *Meine liebe kleine Frau, Es ist schon wieder halb zwölf Uhr; ich hole Deinen Brief herfür, lese Deine herzlichen Zeilen noch einmal in dankbarer Erinnerung allen Glücks, das ich Dir verdanke, und beginne Dir zu schreiben, wie ich mich ganz grausam sehne, Dich wieder zu begrüßen und zu küssen. Es ist mit mir ganz grade so, wie vor unserer Hochzeit: ausmahlen, wie, wo, wann ich Dich zuerst treffe, ob des Morgens im Garten, ob des Mittags, um dann mit Dir in engster Vertraulichkeit einen Mittagsschlaf zu halten, ob des Abends, um – nun um mit Dir zu plaudern. Wie gerne wäre ich eine halbe Stunde bei Dir, um Dir recht sehr, sehr viel Gutes und Freundliches zu sagen, und*

Dir für Deine innige Liebe zu danken ... Mit meiner Arbeit geht es frisch vorwärts, ich habe heute aufgerechnet, um Dir eine Freude zu machen; ich habe 840 Verse geschrieben, 1/7 des vorigen Buches, gut 2 1/2 Bogen, den Bogen zu 3 Louis d'or gerechnet (ich krieg aber mehr) macht 37 1/2 th Gold; ein ernsthaft, sentimentales, auf romantische Art angefertigtes Gedicht für eine Zigeunerin; ein burleskes, berlinischen Jargon enthaltendes Drehorgelgedicht mit Einleitung und ernsthafter Schlußbemerkung, ein plattdeutscher Liebeszwist zwischen Korl und Marieken mit Nutzanwendung über die Vorzüge der Dämlichkeit und ein Lumpacivagabundengedicht von Schneider Zwirn, Schuster Pech und Tischler Leim, welches noch seiner endlichen Vollendung harrt; letzteres ist mit Prügel und Rausschmeißen, wovon ich mich jroßen Effect verspreche ... Die Laube ist aber schön, prächtig, wie gemacht, schlechte Gedichte zu machen ... Nun, mein kleines Weib, gute Nacht! ich wollte ich wäre jetzt bei Dir, Du solltest sehn, wie lieb ich Dich hätte, ich wollte ich hätte Dich hier auf meinen Knieen, wie wollt ich Dich küssen und Dir tausendmal sagen, daß ich doch bin Dein alter bester Freund Fritz Reuter

Erholt und erfrischt ist Luise wohl, als Fritz sie aus dem Ostseebad abholt, um mit ihr nach Roggenstorf zu fahren und den Eltern einen Besuch abzustatten. Einsamer und stiller ist es geworden im Pfarrhaus. Vier Brüder sind ausgewandert, nach Amerika und Australien, Gott allein weiß, wie's ihnen geht.

Ende August sind Luise und Fritz wieder in Treptow. Denn schon macht sich die Sehnsucht nach dem eigenen Herd bemerkbar, dazu die Sorge um den Garten, den Reuter mit Passion pflegt. Der so sehr erflehte Kindersegen will sich nicht einstellen, und auch die Kopfschmerzen quälen Luise weiter. Das Jahr darauf fährt sie wieder nach Boltenhagen, baden, kuren, Fritz begleitet sie. Der kleine Badeort gefällt ihm, und von dort macht er eine Rundreise, während Luise im Seebad bleibt, dann wieder zu den Eltern fährt, darauf nach Haus.

Inzwischen ist ihr Reuter ein erfolgreicher Mann geworden: Die „Läuschen un Rimels" machen Furore. Herrgott, wie hat sie damals gefürchtet, daß er sie beide ruinieren werde, als er das Risiko auf sich nahm, das Buch selbst zu verlegen. Fritz jedoch vertrieb seine Bücher mit Eifer, sogar seine Schüler sollten die Exemplare im Gymnasium an die Mitschüler verkaufen. Doch für die war ja der preußische Taler für ein Buch viel Geld, das Geschäft ging nicht auf, was sich dann aber als nicht so schlimm herausstellte; ein Buchhändler nach dem anderen forderte neue Ware an, Luise und Fritz kamen mit dem Einpakken gar nicht nach. In der Küche haben sie gestanden, mit Schürzen, das störrische Packpapier mit dem Zuckerhammer bearbeitend.

Überall werden seine Dichtungen jetzt verlangt, jeder und jede bittet um ein Polterabendgedicht. So schnell kann ihr Reuter das, daß es ihm schon langweilig wird. Einmal hat sie sogar selbst mitgespielt in so einem Ding, war die Fru Möllern, den Text hat sie so schwer lernen müssen, daß sie ihn bis an ihr Lebensende beherrscht.

Stunden muß sie nun nicht mehr geben. Das Leben ist behaglich hier, Reuter hat seinen Treptower „Vier-Schachklub" und die Stammtischrunde, sie den Kaffeeklatsch mit den Freundinnen. Alle sind ganz närrisch nach den heiteren Gedichten ihres Mannes. Doch Fritz hat gewiß ganz recht, die ewigen Polterabendreimereien müssen ein Ende haben. Er will das kleine enge Treptow verlassen, in die Vorderstadt

Luise in der Anfangszeit ihrer Ehe.

Luise bewältigt den Umzug weitgehend allein. Zupacken kann sie, weiß Gott, und in den paar Jahren hat sich schon allerlei angesammelt in ihrem kleinen Hausstand. Die Mutter fühlt mit ihr: ... *Eure Umzugszeit rückt heran mit mancher und mannigfaltiger Unruhe verbunden, ach, die weite Ferne – keiner der Deinen leistet eine hilfreiche Hand dabei! Du kannst es glauben meine liebe Tochter, daß es mir ein trauriger Gedanke ist, alle Hilfeleistungen Deiner Schwestern fallen ihrer Schwägerin zu, während Du dem natürlichen Rechte nach näher daran wärest, allein immer und immer die fatale weite Tour ... Schreibe mir bald, liebe Luise ... könnte ich doch selbst sehen, was in Deiner Wohnung noch fehlt ... und dann nach mütterlicher Weise mein Pöppchen still damit überraschen. Neulich brachten wir Vaters Gedanken auf eine mögliche Reise nach Brandenburg, und siehe da, er lächelte dazu, der Geist also ist willig, wäre nur das Fleisch nicht zu schwach ...*

Neubrandenburg ziehen, wohin ihn sein Weg ohnehin oft führt, zum Verleger des „Unterhaltungsblattes", auf das er so viel Mühe verwendet. Für sie bedeutet das aber, Abschied von Marie Peters, der besten Freundin, zu nehmen, doch sie werden einander schreiben und zu den Festtagen besuchen. Luises Mutter versteht, daß ihr traurig zumute ist: ... *bei der Trennung von einem lieben Orte und so manchen Menschen ... all den lieben Leuten war ich, unbekannter weise gut im Herzen für ihre Freundschaft gegen Dich! – Indessen, meine liebe Louise sei nur guten Muthes – Du wirst auch an dem neuen Orte – gute Menschen und freundliche Seelen antreffen und kennen lernen ...*[20]

IN NEUBRANDENBURG

Oh, hier in Neubrandenburg sieht's herrlich aus, und rechnen Sie Ihr Schweriner Schloß ab und die Freuden einer größeren Stadt, dann tauschen wir nicht mit den Schwerinern, so köstlich ist hier die Natur, so freundlich unser Städtchen ...[21]

April 1856. Die Wohnung in Neubrandenburg dicht an der Marienkirche vor Schmutz starrend. Arbeit wartet auf Luise nicht zu knapp. Da beschreibt sie Marie ihren ... *Schrecken, als ich vorauseilend die mit Stroh und Schmutz aller Art decorirte Treppe erstiegen. Der Witterung angemes-*

sen standen Einem die weit geöffneten Flur-Fenster wie zum Willkommen entgegen – schauerlich! Das Feuer brannte eben im Ofen, fingerdicker Staub überall, und hier sollte sich die liebe Mutter Peters erwärmen! Das Weinen stand mir näher als das Lachen. Die liebe Mama mit guter Miene zum bösen Spiel saß kaum mit Mantel und Fußsack im Sopha, als an die Thür geklopft wurde und herein trat – der Herr Rath Brückner mit seiner Neuvermählten! Male Dir die Scene; Tücking im Überzieher und Galoschen, die Honneurs machend, Mutter Peters im Fußsack knixend, meine werthe Person in fabelhafter Hauptverhüllung (im Begriffe, der neuen Guste draußen Kaffeeinstructionen zu ertheilen), verstohlen mit der linken Seite meines Mantelzipfels dem Herrn Rath einen Stuhl abwischend! Das gute Helenchen schmiegte sich wie tröstend an mich und veranlaßte die sehr beredte, sehr gewandte (aber etwas gezierte) Frau Räthin zu der halben Frage, ob vielleicht – das junge Mädchen – unsere Tochter sei! Wenn sie Zehne hat, muß 'n anderer Mensch wenigstens Eins haben, mag ihr Gedanke gewesen sein, wenn sie überhaupt dabei gedacht hat. Nun, die kurze Visitenzeit verging denn so gut wie jede andere, und als ich beim Abschiede den Wunsch aussprach, die Dame möchte es in Zukunft weniger ungemüthlich bei uns finden, hatte sie die Artigkeit, sich schon jetzt behaglich zu fühlen. Ich glaube, die Frau Rath besitzt vollkommen die Gabe, bei aller Freundlichkeit die Frau des ersten Mannes Neubrandenburgs zu repräsentiren ... mich interessirt aber dreimal mehr, daß Eure liebe Mutter in der bald erwärmten Stube wirklich aufthaute, daß ihr mein Kaffee (mit Deiner Sahne, Dank!) wirklich schmeckte, daß sie ordentlich Hedwecken stippte, und daß wir trotz der Fußsacksitzung herzlich über die Visite scherzten. Mit einer warmen Kruke und zu meiner Freude mit den übrigen Hedwekken versorgt kam dann die liebe Mutter mit ihrem Helenchen glücklich in den Wagen, und hoffentlich wohl zur Stelle. Mir aber ist noch keineswegs wohl; mein neues Mädchen ist ganz unerfahren und bedarf noch überall Anleitung; ihr Wesen aber gefällt mir und ich hoffe, das Gute wird kommen. Was füglich hätte voran gehen sollen, kommt zuletzt, liebste Marie, unser Dank für Eure Liebe. O, wie oft, wie oft wünsche ich mich doch nach Treptow zurück, um Euretwillen, wollte sagen, um Euch nah zu sein, nie mehr, als nach der Trennung, wo es so still, so still um Einen ist! – Herzliche Grüße Euch Allen – Deine Luise. Mein Strickzeug ist doch dort geblieben – ein weiß wollenes – ich alte Fluse! – Denk Dir noch ein versiegeltes Band über mein Clavier, allein hinreichend, mich in Augen Fremder höchst seltsam erscheinen zu lassen, die Stube aller kleinen Zierate, Teppiche etc. baar und die Fenster durch Tische mit Blumentöpfen wie vermauert.

Auch diese Wohnung richtet Luise wohnlich ein, wie noch drei weitere im Laufe des Aufenthaltes in Neubrandenburg. Fritz ist vor allen Dingen für die Blumen zuständig, überall stehen sie an den Fenstern. Der Treptower Garten, den er so fleißig gehegt hat, fehlt nun, keine wohltuende und gesundheitsfördernde Gartenarbeit mehr. Es fällt Luise schwer, hier Kontakte zu knüpfen, die Damen der Gesellschaft sind so recht vornehm, distanziert und kühl, anders als die in Treptow, ganz zu schweigen von den Lieben in Roggenstorf, wohin die Sehnsucht sie wieder zieht. Die Pastorenwitwe Birkenstädt aus Elmenhorst, die Mutter ihrer Freundin, ist im Februar plötzlich gestorben, Sophie Birkenstädt steht nun ganz allein. Luise will sie trösten und fährt, die Eltern und Sophie zu besuchen. Währenddessen macht Reuter mit seinem Freund Peters eine Reise auf dessen Pachtgut Stolpe.

Liebes Wiesing, Diesen Brief erhältst Du schon aus Stolpe bei Anclam. Meinen Dir schon gemeldeten Reiseplan über Demmin habe ich aufgegeben und bin am Freitag v. W. von Stavenh. nach Thalberg gereiset, weil sich mir Gelegenheit dazu bot, in Thalberg bin ich am Sonnabend geblieben und bin am Sonntag hierher gelangt, theils mit der Post, theils zu Fuß. Peters et Frau sind am Sonntag nach Liepen gefahren. Sie läßt Dir sagen, Du möchtest doch Deine Reise so einrichten, daß Du am 28sten, ihrem Geburtstag, nach Thalberg kämst. Mir geht es sehr gut, ich bin so wohl, wie fast noch nie, steh des Morgens zeitig auf und arbeite den Vormittag, des Nachmittags wird gebummelt, geangelt und gewirthschaftet. – Aber Du fehlst mir an allen Ecken und Kanten. Wenn man einmal eine Frau hat, von der man so viel hält, als ich von Dir, sollte man sie auch immer um sich haben. Gestern Abend dachte ich recht mit Sehnsucht an Dich; aber – aber ... Gott gebe Dir Gesundheit und Glück! Grüße Alle von mir recht herzlich und schreibe, wie Du dich befindest. Mit zärtlicher Liebe Dein Fritz

Die Roggenstorfer nehmen mit Freude und Genugtuung den wachsenden Erfolg von Reuters Arbeit zur Kenntnis. Schwester Caroline besonders: ... *herzliche Grüße und Glückwünsche zum 9. ... Du weißt daß ich Dich liebe ... meine liebe Lo. Grüße den guten Reuter herzlich, wir sprechen unendlich viel von Euch und Eurem Ergehen und sind über die Maßen froh über den sicher guten Erfolg des Lustspiels. Möcht es wohl kennen. Nächstens mehr. In treuer Liebe Deine Carre.*[22]

Carre, Caroline, das Linchen hat sich verliebt. Und ausgerechnet in Ferdinand Schliemann, den Amerikaner! Der ist der Sohn des Präpositus Schliemann aus Kalkhorst und der Cousin des Heinrich Schliemann aus Ankershagen, des später weltberühmten Altertumsforschers. Heinrich hat ihn aufgefordert, gleich ihm nach Amerika zu gehen. Komm in dies Land, hier mußt du viel tun, schwer arbeiten, aber du kannst es zu etwas bringen. Und Ferdinand ist ausgewandert, er hat es geschafft, ist Farmer, besitzt Grund und Boden. Und nun wird sich das liebe Linchen ... *als zukünftige Amerikanische Bürgerin ... ja allen Ernstes bestreben, immer practischer zu werden ... O, unbegreifliches Gefängnis des Menschenherzen! Dich und den guten Reuter herzlich grüßend, ... darfst nicht mehr lange mit deiner Ankunft zögern. Im März mußt Du wenigstens kommen ...Wenn Du und Reuter meinen Ferdinand erst kennt, werdet Ihr meine Liebe zu ihm begreifen und billigen ...* [23]

So schön und fröhlich die Hochzeit am 16. April des Jahres 1857 in Roggenstorf auch gefeiert wird, es ist ein trauriger Abschied. Gewiß, sie werden Briefe schreiben, doch wer weiß, wann sie sich wiedersehen?

Die nächste Reise von Luise und Fritz geht nach Thalberg, das Haus der Freunde zu hüten und Mama Ohl, der Schwiegermutter, zur Hand zu gehen, während die Peters' eine Badereise an die Ostsee machen. Fritz arbeitet fleißig. Sitzt in der Laube und schreibt. „Kein Hüsung" wird hier beendet. Heiter wie der Sommer ist Luises Stimmung.

Thalberg, Sonnabend Morgen [August 1857] Motto: Tod den Fliegen! – Liebe Marie! Keinem Menschen sagen sie ein Wort, wenn sie schreiben; als wenn man's

Luise Reuter, Briefe schreibend. Zeichnung von Johann Bahr, veröffentlicht in den Reuter-Kalendern 1908 und 1909.

nicht auch könnte, murksen sie Alles allein zurecht, Mutting und Meiner, kaum daß sie Einen noch zu Worte kommen lassen! 'n richtiges Complott und Driweljagd. – Und was man auch ersinnen und vorschlagen mag an Ueberraschungen und Empfangsfeierlichkeiten – „läßt du einen wohl aussprechen" – damit zerschneiden sie (oder doch er) Ideen, die dem erfindungsreichsten Kopfe zur Ehre gereichten. – Laß sie nun nur mit ihren Ehrenpforten, den vier alten und sechs neuen Fliegenklappen drin – wie alltäglich! ... Wie leer erschien mir besonders am ersten Tage hier das Haus – es war gar nicht Thalberg. Jetzt freuen wir uns schon, daß die ersten 14 Tage vorüber sind, und daß Euch Lieben das Bad wohlthun wird. Dein Bericht an Mutting aber über die Art des Badens befriedigt wenig; da gründe ich doch besser in unserem Tollensee-Bodden! Ich bade von 6-7 Uhr morgens ... Wir dachten hier in Abgeschiedenheit das Landleben zu genießen, die wird aber recht oft durch Freundesbesuch unterbrochen, ohne unser Zuthun. Justizrath Schröder nebst Hülfscorps rückt bisweilen freundlichst zu einer Parthie Kegel ein, jedes Mal mit der Betheuerung, nichts als einen Teller voll Milch zum Abendbrod zu genießen; und Dolle erklärte mir gestern, die ganze Gesellschaft würde vorm Abendbrod sich empfehlen, woran indeß Niemand dachte. Hoffentlich mißlangen die schwachen Versuche meinerseits, Dich etwas zu ersetzen, nicht gänzlich. – Unkel klagte seit einigen Tagen über Halsschmerz und Uebelkeit; seitdem er aber gestern Mittag Wassersuppe gegessen und natürlich darauf Klopfschinken, Brühkartoffeln und saure Milch, zum Ueberfluß noch gestern Abend den Doctor befragt, befindet er sich heute wohlauf und hoffentlich im Stande, bis zu Eurer Rückkehr den bei der Abreise angefangenen und jetzt bereits als Cladde existierenden Brief an Euch vollenden zu können. – Gestern haben wir zwei Metzen Preißelbeeren gekauft, und heute werden sie mit großer Wichtigkeit und einmüthigem Beschluß nach Henriette Davidis neuester Art eingekocht. Mamsell geriert sich ganz gut und freute sich augenscheinlich über Deinen ihr von Mutting überbrachten Gruß. Ich sitze prächtig „ins Gebüsch", Deinen Botz im Kopf und in der Tasche, einen großen Haufen Flikkerei zur Seite, ein instandzusetzender Morgenrock, das frühere braun und weiß carrirte Kleid, und fühle mich heute Jedem gewachsen; aber was scheren Dich diese Alltäglichkeiten?! Richard Schröder schildert uns Misdroy überaus reizend, möchte es wohl mal schauen; aber viel schöner als unser Thalberg, bei Sternen-

Preißelbeeren auf pommersche Art einzumachen

1 l geschälte Birnen, 2-3 l Preißelbeeren, 2 Pfund Zucker, 8 g Zimt.

Hierzu eignen sich vorzüglich recht süße und saftige Birnen, doch sind auch weniger gute zu gebrauchen. Sie werden recht rund geschält, halb durchgeschnitten, vom Kerngehäuse befreit und gewaschen. Man lege einen Teil des Zuckers in einen glasierten oder Bunzlauer Topf, einen verhältnismäßigen Teil Beeren darauf, lasse sie unter öfterem Umrühren und Abnehmen des Schaumes offen weich kochen (zerkochen dürfen sie nicht), schütte sie in ein bereitstehendes Gefäß und bringe wieder andere aufs Feuer. Man nehme sie mit dem Schaumlöffel heraus, füge den in Stückchen geschnittenen Zimt hinzu und koche die Birnen in dem Safte gar, doch nicht zu weich. Alsdann rühre man die Preißelbeeren durch und fülle sie in die bestimmten Gefäße.

Aus dem Kochbuch der Henriette Davidis.

beleuchtung einem kleinen Feenbesitz gleichend, kann es wohl auch nicht sein. – In der Wirthschaft geht Alles gut, wie es mir scheint: Pferde dick und rund, Blumen und Fliegen gesund … Vor einiger Zeit war Bade einen ganzen Tag hier, und abends zum Dessert abermalige detaillirte Beschreibung des Schweriner Schlosses, insonderheit innere Einrichtung eines Cabinets desselben, begleitet von einem populären Vortrage über die außerordentliche Wichtigkeit eines bedeutenden Hofbeamten nebst faßlicher Darlegung der Pflichten eines solchen, leider unverständlich gemacht durch das tactlose Benehmen eines unvernünftigen Mitgliedes der Thalberger Insassen, unserer zwanglosen, ungezähmten Lolo … Adieu! das beste Wohlergehen wünscht Euch Eure Luise

Unkel, Unkel Eute wird Fritz von den Kindern der Peters' genannt, liebevoll beschäftigt er sich mit ihnen, tobt herum, bis er selbst außer Atem ist. „Stürzt das Haus ein?“ fragen wohl die Gäste. „Das ist nur Fritz Reuter, der spielt mit den Kindern!“ Ach, die Kinderlosigkeit ist für beide Reuters ein Unglück, und auch in der Verwandtschaft wird die Situation betrübt zur Kenntnis genommen. Luises Mutter berichtet von den Geschenken für eine Bekannte, die ein Kind erwartet, von Wiege und Taufkleidchen. … *so wollen wir dieses hinzufügen, es kann, denke ich, fertig gekauft werden. – Ja, meine liebe Luise, es war Gottes Wille nicht, daß Du bis jetzt eine solche Gabe bedurftest, wie gerne und freudig sie Dir gespendet wäre, darf ich Dir nicht versichern. Laß uns daran gedenken, daß Eine und Dieselbe Liebe es ist, welche gibt, nimmt, oder versagt! – Es muß ja doch alles zu unserm Besten dienen, des Herzens Wünsche müssen sich dem Glauben fügen, denn nur im Glauben findet das aufgeregte Gemüth Ruhe und Frieden …*[24]

Luise fühlt sich schuldig. Ihr Körper ist nicht gesegnet, sicher ist allein sie dafür verantwortlich. Die meisten Leute denken so. Sie versagt, sie schenkt ihrem Mann kein Kind. Die bedauernden Gesichter der Freunde sind schwer zu ertragen, die heimlichen Tuscheleien und gehässigen Bemerkungen der Neubrandenburger Gesellschaft noch weniger. Doch sie hat ja Fritz, der weiß sie zu schätzen, auch ohne Kind. 1857 schreibt Reuter an Frau Hermes, die frühere Adelheid Wüsthoff, die Jugendfreundin, damals seine „Ate Wüte" aus der schönen Parchimer Gymnasiastenzeit: *... Sie fragen, ob ich Kinder habe? Leider, nein. Gott hat mir in meiner lieben Frau Luise Kuntze, Tochter des noch lebenden Pastor Kuntze zu Roggenstorf bei Grevesmühlen, eine liebe herzliche Gattin gegeben, die mit liebevoller Sorge meine menschlichen Gebrechen trägt und mir meine Häuslichkeit verschönt ...*[25]

Glücklich kann Marie sich preisen, sie bringt Kinder zur Welt, schon fünf hat sie; als 1861 noch ein kleiner Nachkömmling das Licht der Welt erblickt – Ernst ist es,

Das Treptower Tor in Neubrandenburg. Stich um 1850.

bei dem Reuter zur Taufpatenschaft gebeten wird –, mischt sich in Luises und Fritz' Freude auch ein wenig Wehmut: *... Tante Luise schrie laut auf vor Freuden bei der Nachricht von der Ankunft des kleinen Menschenkindes ... und noch Jemand hatte lange zu thun, bis er den Eindruck ... bewältigt und nebenbei alte, begrabene, auf's Neue mächtig erwachte Wünsche und Gefühle zur Ruhe verwiesen. O Selbstverläugnung und Ergebung – so leicht auszusprechen und so schwer zu üben! ...*

Gleichwohl – Luise lebt nun an der Seite eines erfolgreichen Mannes. Und nachdem überall nur immer von Klaus Groth und seinem „Quickborn" geredet und geschrieben wurde, ist Luise überaus glücklich, daß nun – 1857 – auch ihr Mann von den ernsthaften Redakteuren, die Reuter wirklich etwas bedeuten, kritisiert wird, und zwar gut! Luise fühlt sich wie'n kleines Stück von'n großen Appel! ... *Wir haben auch eine Rezension in der Hamburger neuen Zeitung über „Kein Hüsung" (vom Doktor Dörr) gelesen, sehr, sehr gut. Was meinst Du „Der Dichter, denn das ist Fritz Reuter vom Scheitel bis zur Sohle" ... nachgerade fühle ich mich. Die Berliner Montagspost von Ernst Kossak, ein sehr gutes Blatt, hat von den „Langhänsen" Notiz genommen, nur kurz zwar, aber günstig: „Der Verfasser hat verschmäht, nach der Schablone zu arbeiten, zeigt Ursprünglichkeit" u.s.w. – lache auch nicht über mich – unser Lustspiel ist gut ... Der große Dichter erwacht und verlangt irdischen Labetrunk – Kaffee – also Ade ...* Da ihr Reuter sich jetzt auf's Stückeschreiben kapriziert – „Die drei Langhänse" wird in Berlin am 17. März 1858, „Des alten Blücher Tabakspfeife" am 25. April 1858 in Neubrandenburg uraufgeführt –, besuchen beide häufiger das Neubrandenburger Schauspielhaus. Zu einer peinlichen Affäre entwickelt sich der in der Zeitung ausgetragene Streit zwischen Senator Brückner, der eine Schauspieltruppe beschimpft, und Fritz, der die Akteure verteidigt und dem Publikum die Schuld an einer mißlungenen Aufführung gibt. Unfrieden gibt es, Reuter entzweie sich mit allen Leuten, sagt man. Nicht mit allen.

LICHT UND SCHATTEN

... De höchste Freud un dat deipste Leid möt einer nich jedwereinen up de Näs' binnen ... äwer tau jeden richtigen Honnigkauken hürt en lütt beting Pepper ...[26]

Die Reuters sind nach Neustrelitz eingeladen. Seine Durchlaucht, Großherzog Georg von Mecklenburg-Strelitz, haben schon Notiz von dem braven Brandenburger Untertan genommen. Fritz soll einen festlichen Prolog für die Neueröffnung des Theaters schreiben. Luise ist aufgeregt. Sie, die für ihr Leben nichts dergleichen gehofft hat, sie, der vom Landessuperintendenten noch immer eine *ungünstige Verheiratung*[27] attestiert wird, ha! sie ist ins Hoftheater eingeladen. So gibt sie Reuter wieder einmal willkommenen Anlaß zu einer jener originellen Briefpassagen, in denen er zwar den Sachverhalt, nämlich die Einladung zu diesem und jenem, diese oder jene Ehrung und Lobpreisung mitteilen kann, seine eigene Zurückhaltung, diese Gelassenheit und sagenhafte Bescheidenheit aber doch durchblicken läßt. Wie so oft kokettiert er, setzt seine Frau in Szene, ihres Einverständnisses in das Brief-Kunstwerk gewiß: *... Sie denkt sich, wir werden beim Hofmarschall Thee trinken, beim Großherzog soupiren und dann, je nachdem, entweder mit einem Prinzen oder einer Prinzessin zu Bette gehn ...*[28] Natürlich denkt Luise nichts in der Art, sie ist eine durchaus vernünftige Frau, die genügend damit zu tun hat, die Alkoholexzesse ihres Mannes zu verhindern – und dies mit allen nur möglichen Tricks, bis zum Verstecken seiner Kleidung, damit er nicht ausgehen kann –, sonst zu vertuschen. Wer kann ermessen, was sie aushält in der trauten Zweisamkeit mit dem genialen glänzenden Unterhalter, wenn er „krank" ist! Sie tupft mit einem Spitzentüchlein die Schweißperlen von seiner Stirn? Das bleibt ihre Angelegenheit. Erst viel später wird man genau wissen, wie sie ihn „pflegt": Sanitätsrat Dr. Witthauer, Eisenach, schreibt 1895:
... Seine Krankheit, in welcher ich ihn zuweilen gesehen, war nichts andres als ein hochgradiger Katzenjammer und zwar nachdem er etwa 8 Tage lang jeden Tag flott Wein gezecht hatte (bis zu 8 Flaschen pro Tag), so stellte sich eine Cumulation des Katzenjammers, welchen andere den andern Tag nach dem einmalig ersten Zechen bekommen, so ein, daß er den Katzenjammer von 8 Tagen nun auf einmal bekam. Kolossales Erbrechen, Würgen, selbst blutiges Erbrechen und ... das entsetzliche Finale von 8 tägigem Weingenuß ... Bei einem solchen gräßlichen Zustand bat ich einmal Reuter, mir doch das Versprechen zu geben, nur ein Mal 4 Wochen nicht zu trinken, indem ich ihm das große Leiden, welches er alle mal ausstehen müßte, vorhielt, da wandte er sich nach mir um und sagte: „Lieber Doktor, das kann ich nicht." „Ja, warum denn nicht?" fragte ich. „Ja," sagte er, „ich kann es Ihnen nicht versprechen, denn ich kann das Versprechen wohl nicht halten ...[29]

Es sind unappetitliche Situationen, mit Schmutz und üblen Gerüchen, die das Bett,

Luise und Fritz Reuter in Neubrandenburg. Zeitgenössische Photographie.

die Stube, das Leben unrein machen, die die Pastorentochter selbst unendlich beleidigen, demütigen und beschmutzen. Und da sagt Reuter, er schreibe besser, wenn er einen solchen Anfall überstanden habe.

Luise muß ihm glauben, muß mit ihm gemeinsam diese dunklen Tage durchstehen. Kann man es ihr verdenken, wenn sie sich nach solcher Tortur ein neues Kleid machen läßt, hat sie sich das nicht verdient? Und ist es ein Wunder, daß sie in all diesen Jahren Stärke entwickelt, ja, Härte, die sie von den anderen Damen in ihrem Umfeld unterscheidet? Würde sie ohne diese ihre Kraft nicht zerbrechen? Wer wäre denn dann stark genug für Reuter? Plaudern die anderen Damen beim Kränzchen heiter von den liebenswürdig-schwachen Seiten ihrer Männer, schweigt Luise. Die Schwäche ihres Mannes ist nicht geeignet zu sorglosem Salongeplapper.

Luise erholt sich, indem sie sich neue Kleider schneidern läßt. Sie kleidet sich gern gut, putzt sich, pflegt sich. Reuter legt Wert auf ihr gutes Aussehen. Wie sollte er auch nicht, er ist ein Ästhet, zeichnet Porträts, entwirft Muster und Dekors, liebt Blumen, beschreibt Personen, Kleidungen, Gesichter. Zweifellos wünscht er neben sich eine gut ausssehende Frau. Gott hat ihr so viel Schönheit nicht mitgegeben, doch sie ist eine kluge Frau. Und sie kann sich's nun leisten. Für ihren Reuter und für sich selbst macht sie sich schön.

Häufig haben die Reuters zu Hause in Neubrandenburg Gäste, besonders gern empfangen sie junge Leute. Wenn die Knaben des Neustrelitzer Kirchenchores zum Konzert nach Neubrandenburg kommen, müssen sie eine Nacht bei Privatleuten untergebracht werden. Chorleiter Zander berichtet: ... *Reuter, obwohl es ihm damals noch kümmerlich ging, nahm bei solcher Gelegenheit stets drei Knaben bei sich auf, denen er dann immer ganz gehörte; er ging mit ihnen spazieren, unterhielt sich mit den Kindern kindlich und gewann seine kleinen Gäste in solchem Grade, daß sie das nächste Mal baten: können wir nicht wieder bei Herrn Reuter sein? Freilich hatte seine treffliche Frau auch ihr Teil daran ...* [30]

Luises Vater ist emeritiert worden. Gern wollen die Kuntzes ihren Lebensabend in Roggenstorf verbringen, doch sie müssen das Haus räumen. So werden sie nach Dassow ziehen, Luise hilft den Eltern dabei, während Reuter eine lange Reise antritt. Er wohnt der 300-Jahr-Feier der Universität Jena bei, frischt Erinnerungen an seine Studienzeit auf, trifft alte Freunde wieder und freut sich am schönen Thüringen. Luise muß sich ihre Freundin jetzt an anderem Orte denken, die Peters' sind vom guten alten Thalberg weggezogen, sie haben es zu einem eigenen Gut gebracht, Siedenbollentin, nicht weit von Treptow an der Tollense.

Roggenstorf 23. August 1858. Liebe Marie ... Mein Bruder befindet sich noch hier, aber immer noch kein Reuter. Vergebens erwarten wir ihn täglich von Jena zurück ... Meine lieben alten Eltern sind wohl, aber innig bewegt beim Gedanken an die nahe Trennung von den gewohnten Räumen. Ihr Wunsch, auf dem Lande eine passende Wohnung zu finden, ist unerfüllt geblieben, und ziehen sie nun mit Widerstreben nach Dassow, dem nächsten Städtchen ... Der Besuch der „Königin Victoria" zerstreut die gute Mutter einigermaßen; sie lebt und webt darin zu Vaters Entsetzen und unserm großen Amüsement, der durchaus nichts mehr von den „hohen Patronen" wissen will. Als Mutter neulich in Vater drang, doch einmal aufrichtig zu bekennen, welcher Fürst von Gottes Gnaden denn nach seinem Sinn wäre, antwor-

tete er trocken: „Der Sultan". Es ist ordentlich eine Komödie und zwar eine tägliche mit den beiden alten Eltern, die immer mit einem herzlichen Lachen endet, beim Mittagstisch ...

Luises Mutter stirbt am 25. Februar 1859 in Dassow. Als Reuters wieder nach Dassow fahren, findet Luise den Vater verändert, schwer verkraftet er den Tod der innig geliebten Frau. Luise bleibt eine längere Zeit bei ihm und den Schwestern, während Reuter nach Hamburg reist: ... *er bedarf auch der Anregung von Außen, muß verkehren mit der Welt ...*

DIE REISEN

... So'n Bursch muß durch die Länder schweifen,
Die Ecken, Kanten runterschleifen ...
Zieh' durch die schönen deutschen Länder,
Schau von dem Berg auf Waldesgrün
Und auf der Ströme Silberbänder,
Die sich durch Ährenfelder ziehn ...[31]

Ihre erste längere Reise unternimmt Luise im Jahr 1861 mit Fritz. Über Lübeck fahren sie nach Lohe/Westfalen, um Reuters guten Freund und Leidensgefährten aus der Festungszeit zu besuchen, Hermann Grashof. Luise und Berta Grashof, die Ehefrau, sind augenblicklich ein Herz und eine Seele. Die Freundschaft der beiden Frauen wird bis an ihr Lebensende dauern. Weiter geht die Fahrt nach Bonn, nach Kassel, dann wird Thüringen bereist. Luise verläßt zum ersten Mal den Norden, sieht zum ersten Male die hohen Berge, ist beeindruckt von den vielen klugen Menschen, die Reuter kennt und die ihn kennen und schätzen. Bevor sie weiter nach Berlin fahren, um am nationalen Turnfest teilzunehmen und Reuters düstere Erinnerungsstätten zu besehen, verleben sie einen Tag bei dem Redakteur und Literaturkritiker Dr. Julian Schmidt und seiner Frau in Leipzig. Das sind so liebenswürdige, gebildete Leute, gleich ist ein freundlicher Kontakt da.

[Neubrandenburg, Mitte August 1861] Sonntag Morgen. Liebste Frau Doctor, Es ist nun doch so gekommen wie ich's mir gedacht und mein Fritz Reuter hat mir nichts zu sagen übrig gelassen; aber trotzdem müssen Sie auch durch mich selbst hören, daß wir mit der herzlichsten Zuneigung Ihrer gedenken und auch gar zu froh sind, Julian Schmidt kennen gelernt zu haben. Wir sprechen so viel von Ihnen, klingen Ihnen dann nicht oft die Ohren? oder thun sie das in Leipzig nicht? Die ersten und letzten Worte Ihres Mannes: „Sorgen Sie dafür, daß unser Verkehr erhalten bleibe" – höre ich immer noch, aber eigentlich mit Widerstreben, denn was giebt es da zu sorgen, wo sich alles von selbst macht? – ... Heute vor acht Tagen Abends kehrten wir heim. Wie still und einsam erschien mir Anfangs unsere kleine Wohnung, obgleich ich mich herzlich zu den Blumen freute und den bekannten alten Gegenständen darin. Aber wie anders muß es doch sein, wenn Einem lebendige Wesen zum Willkommen entgegen fliegen! Behalten Sie mich im Andenken. Mit herzlichem Gruß Ihre Luise Reuter[32]

Im Jahr darauf entschließt sich Reuter zu einer Wasserkur in Bad Elgersburg in Thüringen. Gern macht Luise sich mit ihm auf die Reise, hat ja Thüringen schon gesehen und ist wieder *ganz entzückt von den Höhen und der Aussicht.* In Arnstadt legen sie eine Pause ein und wohnen im Gasthof Tür an Tür mit dem alten Jakob Grimm.

25. August ... O welch herrlicher Greis ... Und die alte herzliche Frau, wie habe ich sie lieb gewonnen, die Witwe Wilhelms! Mit rührender Liebe erzählte sie mir von den beiden berühmten Brüdern, ihrem häuslichen Leben, ihren eigenen Kindern, zwei Söhnen, von denen der eine, Hermann, mit einer Tochter Bettinas, der Grimmschen langjährigen Freundin, verheirathet ist und in der Schweiz lebt; „Aber als Hermann Grimm; wie Ihr Mann", sagte sie, „ohne Titel und Anstellung, ein freier Mann." – Ich thue mir nicht wenig darauf zugute, von der alten herrlichen Frau so freundlich behandelt zu sein ... Mehr Freude kann mir nun gar nicht widerfahren. Aber Fritz hat noch eine größere gehabt; der alte Herr hatte sich „Schurr-Murr" mit auf die Reise genommen und gegen seine Nichte gejammert: „Was er aber lesen solle, wenn er mit dem Buch fertig sei?!" – Da half nun mein Reuter aus mit dem neuesten „Ut mine Festungstid". Wie Vater und Sohn verkehrten die Beiden miteinander, der liebe alte Herr streichelte meinen Fritz ordentlich, er gefiel ihm sichtlich ...

Von Elgersburg aus unternehmen sie Ausflüge. Reuter spricht von Freudentagen: *... alte Freunde, Leidensgenossen, habe ich wiedergesehen, in Gotha, Weimar, Leipzig und Berlin alte Bekanntschaften erneut und neue geschlossen ...*[33]

Luise freut sich über den guten Gesundheitszustand ihres Fritz und über die Anerkennung, die er überall genießt. ... *Auf dem Goethe-Schiller-Sommertheater hat „Jemand" auf allgemeines Verlangen declamiert, und das mit großem Applaus ... O, ich war ganz stolz auf meinen Dicken. Keiner hatte so breite Schultern, aber keiner sah auch so wohl und frisch aus ... Und was habe ich für Gutes über meinen ursprünglichen Mecklenburger gehört! Gustav Freytag war tags zuvor dort gewesen und hatte sich nach Fritz erkundigt. Du mußt mir diese Mittheilung nachsehen, aber ich bin glücklich und will nun auch alles tragen, kein Licht ohne Schatten ...*

29. September ... Wir beide sitzen hier höchst behaglich im Garten nebeneinander ... Aber trotzdem vertauschte ich mit Freuden meinen schönen Sitz hier mit einem anderen trauten heute in Bollentin an Eurer Seite ... Meinem Reuter bekommt die Kur sehr gut, und mir die schöne Bergluft und die viele Bewegung darin, habe schon ein Pfund zugenommen. Du solltest aber mal „mein altes Geschöpf" sehen und hören; es ist wirklich eine Lust, so wohl und heiter ist er ... Wundervoll ist hier Gottes Erde; und hätte ich nur ein Fünkchen Poesie in den Adern, ich hätte statt zu schwitzen – dichten müssen ... O, wir leben aber auch in guter Gesellschaft, jetzt fast nur Adel hier – sehr liebenswürdige Menschen ... Habt Ihr den Kickelhahn und das Goethehäuschen besucht? Wir waren vor einigen Tagen dort. [am Rand von Reuters Hand:] Mein lieber Fritz, meinen herzlichsten Glückwunsch zu Deinem Geburtstag, Fritz Reuter mit Schwimmhäuten mang die Tehnen just as 'ne Pogg.

DER UMZUG NACH THÜRINGEN

... nach Eisenach, um am Fuße des deutschen Kapitols, der Wartburg, meine Liebe zu der alten, ewigen Säugamme aller Poesie, der Natur, wieder aufs neue anzufrischen ...[34]

Die Reuters fahren nach Haus mit den besten Gedanken und den freundschaftlichsten Gefühlen für das Thüringer Land und die alten und neuen Freunde dort. Der lange Aufenthalt in der Mitte Deutschlands, die Gespräche mit gebildeten und kritischen Geistern erneuern und schärfen Reuters Blick auf sein kleines enges Heimatland. In Mecklenburg ist alles beim alten geblieben, ... *in seinen eigenen Eingeweiden dauert die alte hartnäckige Verstopfung fort ...,* schreibt Reuter in diesen Tagen in seinem Artikel „Ein Heimatloser in Mecklenburg“. Die *tagtäglichen wunderschönen Staatsalbernheiten* animieren zwar zu guten Einfällen für die Satire „Urgeschicht' von Mecklenburg“, an der Reuter nun mit *ungeheurer Heiterkeit* arbeitet, doch sie gehen auf die Nerven. Reuter ist nicht der Mann, der am Stammtisch nicht darüber räsonniert. Aus Meinungsverschiedenheiten wird Streit. Wie damals 1848 in Stavenhagen, als er sich zurückzog aus dem Reformverein, weil er zum Entsetzen der Stavenhagener meinte: *Ji seid mi all tau dumm, ji Schapsköpp!,* will Reuter jetzt weg aus Neubrandenburg, denkt daran, die *liebevollsten Anerbietungen* der Freunde in Thüringen anzunehmen, seinen Wohnort zu wechseln. Luise und Fritz reden darüber, zu Hause, allein. Debattieren, wägen Pro und Contra gegeneinander ab, sind unschlüssig. Im Januar 1863 spricht er von *noch nicht abzusehenden Umständen,* die ihn hindern, für die nächste Zeit zu planen.

Donnerstag Abend [Neubrandenburg, Ende Januar] Liebe Marie, Meiner sagt Deinem, daß er nicht nach Anclam ... reisen werde, weil das Bummeln nun ein Ende habe, er arbeiten müsse, Brot verdienen, nicht von allen Früchten essen, und was sonst noch für schöne Gründe ... Gestern Abend war ich in einem großen Damenthee bei Frau Räthin Roggenbau, hatte das pläsirliche Geschick, zugleich mit Königin-Mutter einzutreten, die darob alle Fassung verlor, und weil ich mich zuerst setzte, den allein vakanten Platz neben mir einnehmen mußte ... Ach, so ein jämmerlicher Damenthee! Ich kreuzte und segnete mich, als die Erlösungsstunde ... schlug. Einem anderen riesigen Thee bei Frau Hofräthin Brückner entging ich glücklich durch Kopfschmerz – es ist das ja auch nur eine Abfütterung, weiter nichts. Sophie Reuters zweite Tochter Lorchen ist einige Tage bei uns gewesen ... Du glaubst aber nicht, wie reizend das kleine 16jährige Lorchen ist, wir waren ganz überrascht, wie Milch und Blut, ein Gesicht voll Leben und Lieblichkeit ... Von den Thüringer Freunden haben wir einen Pack lieber Briefe erhalten ...

Luises Vater stirbt am 7. Februar 1863. Kopfschmerzen hindern sie, zum Begräbnis zu fahren, doch die unverheirateten Schwestern versehen diesen letzten Dienst am Vater für Luise mit.

Der Entschluß von Fritz und Luise, aus Neubrandenburg fortzugehen, ist längst zur Vollendung gereift. Schon vier Tage nach des Vaters Tod teilt Luise ihrer Freundin die folgenschwere Entscheidung für die Auswanderung aus Mecklenburg, das Ergebnis bereits getroffener Vorbereitungen, mit: *11. Februar. Liebe Marie ... unsere nächste Zukunft ist entschieden, wir gehen nach Eisenach, und zwar schon zu Johannis, weil wir dort nur im Frühling eine Gartenwohnung bekommen können ... und gerade jetzt die Auswahl haben. Reuter hält diesen Wechsel (auf ein paar Jahre) entschieden für sein Bestes, und ich auch in bezug auf seine Gesundheit ...*

Reuter hat, im Gegensatz zu den ganz privaten Briefen Luises, Rücksichten zu nehmen; er hält es noch nicht für geraten, dem gebürtigen Rostocker Adolf Wilbrandt, Schriftsteller und Literaturwissenschaftler in München, die Endgültigkeit seiner Entscheidung zu offenbaren: ... *ich gehe stark damit um, nach Thüringen, und zwar nach Eisenach, auszuwandern, ... und wenn sich das nicht machen läßt, habe ich noch Rostock im Sinne ...*[35]

Neubrandenburg erstarrt. Mecklenburg ist tief getroffen. Die Reuter-Verehrer ringen um Fassung. Ihr Idol, ihre Galionsfigur, ihr Vorzeige-Mecklenburger wendet sich von ihnen ab. Was geistiger Horizont, was gewachsene Weltsicht! Von Mecklenburg geht man nicht weg, Mecklenburg ist die Mitte der Welt! Und obwohl Reuter noch ein triumphaler Abschied aus Neubrandenburg zuteil wird, flattern schon die häßlichen Gerüchte durch die Vorderstadt. *Eisenach, 7. Juli 1863 Liebe Marie ... Viel Liebes ist uns (Fritz Reuter) noch in der letzten Zeit in unserm Mecklenburg widerfahren, was besonders meinen Friedrich so weich stimmte, daß er sagte: „Hätte ich mir's recht überlegt, wäre ich doch nicht fortgegangen; aber nach zwei Jahren kehre ich zurück ..."*

... unter lauten Lebehochs fuhren wir von dannen ... und dann sollten wir Neubrandenburg verlassen, weil Fritz sich mit allen Leuten entzweit!!! ... Eben meldet sich Hinstorff-Wismar nebst Frau zum Besuch an. Wenn Ihr's doch statt seiner gethan! ...

Spätere Generationen von Mecklenburgern werden lange nicht verwinden, ihren Halbgott an das Ausland verloren zu haben; Reuter hat die sprichwörtliche Bodenständigkeit mit Lust auf neue Erfahrungen vertauscht, setzt der mecklenburgischen Geistesgenügsamkeit einen weiteren Horizont entgegen. Hinter dem Berg wohnen auch noch Leute? Dieser Makel in der Biographie muß getilgt werden, denn was Reuter selbst tut, ist wohlgetan. Also muß Fremdbestimmung am Werke sein, und bald wird der nur mühsam und nicht ohne Schaden fürs Selbstwertgefühl zu erklärende Verlust erfolgreich auf Luises Schultern geladen. So erwächst aus der noch von Wilbrandt, dem Biographen, im Jahre 1874 geäußerten Begründung des Umzuges ... *Die doch allzu abgelegene Existenz genügte ihnen nicht mehr ... Es wirkte wohl auch der Wunsch mit, freiere Luft zu atmen: nicht fort und fort diese erbvergleichliche Erbweisheitsluft ...*[36] im Laufe der Jahrzehnte etwa die von Wilhelm Seelmann 1905: ... *Thüringen hatte es Reuter und noch mehr seiner Frau angetan. Als ihr Vater am 7. Februar 1863 in Dassow gestorben und damit der Faden gelöst war, der sie an Mecklenburg fesselte, zögerte sie nicht, den längstgehegten Wunsch, Neubrandenburg zu verlassen, zur Ausführung zu bringen. Man sagt, daß Reuter in Neubrandenburg nur wenig Familienverkehr hatte und dieser ihr nicht genügt habe ...*[37] und schließlich die entschiedene von Kurt Batt 1967: ... *Der ... Schriftsteller fand sich nun in die Wünsche seiner Frau ...*[38] Bis zum volkstümlichen *Luise war schuld, daß Reuter dann nichts Großes mehr geschrieben hat,* ist es nur noch ein kleiner Tritt.

Ganz gewiß richtig, gut für seine Geistes- und Körperkraft, hat Reuter entschieden. Keineswegs ist er der Mann, der sich von seiner Frau auch nur im entferntesten bestimmen läßt. Luise allerdings bestärkt ihn, hat sie doch vor allem seine Gesundheit im Sinn. Sie hat ihn ja erlebt, so frisch und kraftvoll dort in Thüringen! *Der Wechsel gibt Spannkraft!*

Neue Menschen, hochkluge Freunde, neue Eindrücke, andere Luft, anderes Klima erwarten sie in Eisenach, als sie Ende Juni 1863 übersiedeln. Die Thüringer sind freundliche Leute, allenthalben schlägt den beiden Norddeutschen mit der seltsam gedehnten Sprache Sympathie entgegen.

IN EISENACH

...Unten im Tal dicker Herbstnebel – die Bergspitzen kuckten wie Inseln daraus hervor – und oben die schönste hellste Wintersonne, Frost und Rauhreif an allen Bäumen; ach, Eisenach ist schön, ist wunderschön! ...[39]

Sie bewohnen die Beletage in dem pittoresken Haus des Baurates Dittmar, nicht weit von der Wartburg.

Eisenach, [Ende Juni], Liebe Marie, ... es sieht reizend bei uns aus, das neue Haus so sauber wie ein Schmuckkästchen: Fritzens Zimmer wie das Deines Mannes, daran das Balconzimmer, braunroth mit gold, grünes Sopha; mein Zimmer kornblumenblau, das Schlafzimmer grau; die Fußböden schön lackiert, o, es ist reizend, und aus jedem Zimmer ins Grüne! ... Am ersten Abend hier in unserm Quartier sitzen wir nach 10 Uhr noch auf dem Balcon, da versammelt sich plötzlich eine Menge Menschen unter uns, und Fritz Reuter, der große Mecklenburger, erhielt von den norddeutschen Forstakademikern ein Empfangsständchen ... Fritz fühlt sich wohl, und ich überlasse mich schon der Hoffnung, daß die Ortsveränderung den besten Erfolg haben wird ...

Endlich nun bietet sich Reuter die ersehnte Möglichkeit, in Schlafrock und Pantoffeln in den Garten zu gehen, Naturgenuß und schriftstellerische Arbeit zu verbinden. Wenn nur die vielen Besucher nicht wären. ... *Noch kein Tag ohne Besuch. Die Menschen scheinen sich's zum Gesetz gemacht zu haben, nicht vor unserer Tür vorbeizugehen, ohne uns abzustrafen, ... da ruft Fritz, wieder ein Tischgast für heute Mittag, der sich nun allein auf die Wartburg trollt – Fritz kann doch nicht täglich mitgehen – und dann zurückkehrt; da er ein Magenkranker ist, wird er unseren Kohl und Hammelfleisch nicht essen können, und ich muß besonders für ihn kochen ... Wie die Pilze schießen sie hier auf ... und nähmen wir Flügel der Morgenröthe, wohin sollten wir vor ihnen fliehn? – Aber übermorgen kommt unser Kaptein mit seinem Bruder auf einige Tage, und die sollen wie Fürsten aufgenommen werden – in unserer Herzensfreude ist uns nichts zu gut für solche Freunde und Leidensgefährten ... Möchte ich doch für Euch wieder einmal den Tisch decken. Aber wir arbeiten schön, ... es geht hier ebenso gut wie im Vaterlande daheim, nein, besser noch ...*

Reuters Freunde sind auch Luises Freunde, sie gibt ihnen das Gefühl, willkommen zu sein, ohne große Umstände verursacht

„De olle Kapteihn" Albert Schultze, der Leidensgefährte von Fritz Reuter. Pastell von Fritz Reuter, gemalt in der Festung Magdeburg im Januar 1838. Im Besitz des Fritz-Reuter-Literaturmuseums.

Das „Schweizerhaus“, die erste Eisenacher Wohnung der Reuters. Holzstich in der Zeitschrift „Die Gartenlaube“ 1864.

zu haben. Sie ist natürlich und freundlich. Sie strahlt Wärme aus, denn sie ist glücklich. Als der alte Leidensgefährte aus Reuters Festungszeit Albert Schultze sie in Eisenach besucht, notiert Luise in ihre Fremdenliste, die sie bezeichnenderweise mit „Hotel Reuter“ überschreibt: *Wie ein Paar Liebende lagen sich die Freunde in den Armen – auch ich ging nicht leer dabei aus und wünsche, daß wir diesen herzlichen, noch jetzt ritterlichen ehrenhaften lieben alten Freund bald wieder einmal beherbergen mögen.* Ja, meint sie, eine gemeinsame Leidenszeit schweißt mehr zusammen als die heitersten Freudenzeiten. Sie kann es nachempfinden, denn mit ihrem Fritz erlebt sie beides.

26. November. Mein Fritz, der bis über die Ohren in Arbeit steckt, … dankt sehr für die schöne Geburtstagssendung. Aber habt Ihr uns denn auf unserem neulichen Spaziergange belauscht? Es begegnete uns eine Flucht Enten, und mit einem gar nicht zu beschreibenden Gemisch von Unwillen und Ärger rief er: „Das wollen nun Enten sein!“ Dies Geschlecht ist hier nämlich so klendlich, als die Gänserei; und das muß wohl bekannt sein, denn unser Freund Siemerling – Neubrandenburg überraschte uns mit einer stattlichen Gans, die hier Sensation erregt … Unseren Besuch beim Hofrath Gustav Freytag in Siebleben haben wir auch gemacht, sehr befriedigend ausgefallen. Aber der ganze Zuschnitt dort auf sehr vornehmem Fuß! indeß erklärlich, da die Frau Hofräthin eine Gräfin. Wollen uns nächstens besuchen … müssen dann aber einmal ohne Bedienten fertig werden … Es ist immer besser mit uns geworden, ich habe mich nie so zufrieden gefühlt, nie so dankbar das erkannt, was mir Gott gegeben, nie mit solchem Stolz auf meinen alten Friedrich geblickt – ich bin ganz zufrieden. Und eben darum will ich ihm auch zu Weihnacht eine Tischdecke verehren (mit Gedicht aus eigener Fabrication), weil ich mir eine wünsche und so am besten dazu gelange, den dazu fehlenden, sehr nothwendigen Teppich mag er mir oder sich dazu bescheren ... Aber zu Weihnacht zu Euch kommen? ... Mein Tücking hat so viel gefeiert und wird noch so viel Bummeltage haben ohne sein Verschulden, daß an eine längere Reise und Zeitversäumniß nicht zu denken ... Sein gutes und dankbares Publicum soll nicht so lange wieder auf den dritten und letzten Theil der Stromtid warten ...

Es ist ein heiteres Weihnachtsfest dies Jahr. Ihr Reuter erhält die Tischdecke mit dem versprochenen lyrischen Beiwerk:

Ich fürcht', ich krieg die Deck doch nicht,
Und noth thut sie uns bitterlich;
um sicher nun dazu zu kommen,
Hab' ich 'ne List mir ausgesonnen:
Ich geh und kauf das Ding für Dich,
So fällt der Nießbrauch auch an mich,
Und da wir Beide doch sind Eins,
Ist's einerlei, ob's Deins, ob's Meins.

Der aus dem Norden mitgebrachte Brauch des Julklappenwerfens wird im Hause Reuter mit Hingabe gepflegt, besonders da der jetzt in Gotha lebende Altonaer Journalist Ludwig Walesrode und der alte mecklenburgische Freund Ludwig Reinhard, der jetzt in Coburg Anstellung gefunden hat, zu Gast sind. Von Reinhard schreibt Luise begeistert: *... man muß ihn liebhaben! und seine Einfälle! – „Kommst du noch mal wieder, so ignoriere ich dich", sagte er beim Öffnen einer Julklappe, die schon mehrere Male seine Adresse gemißbraucht hatte; aber man muß ihn hören, um sich an seinem Gethue zu ergötzen. Beim Abschiede sprach er: „Wie nett war es hier, aber wieviel netter müßte es wohl gewesen sein ohne Frau!" Dieser alte Junggeselle! Dann aber trennten wir uns mit feuchten Augen, und soll ich ihn zu Tode füttern! ...*

Herr Walesrode schickt ihr als Dank sein Buch, „Der Storch von Nordenthal", auch eine Widmung hat er hineingeschrieben: „Der geehrten Frau X Reuter sendet der Verfasser sein Märchen als Dank für die herzig gastliche Aufnahme, die er Weihnachten 1863 in der Reuterschen Berghütte gefunden. Für so viel schöne Wirklichkeit ein lustiges Märchen! Kunst nur war ersteres. X Den Vornamen bitte ich auszufüllen." Schön, Luise setzt ihren Vornamen ein, aber merkwürdig ist's doch, der Herr hat ihren Namen doch dutzendmal gehört!

Es hat sich eine Arbeitsteilung ergeben im Hause Reuter. Luise erledigt einen Teil der schier unerschöpflichen Korrespondenz. Sie beantwortet die Familienpost und die der Freunde. Und wenn Reuter an die gemeinsamen Bekannten schreibt, setzt sie noch ihre Grüße darunter, schmunzelnd zur Kenntnis nehmend, welch nette Albernheiten ihr Reuter nun wieder über sie geschrieben hat. Sie nimmt nicht übel, er ist doch ihr Mann, der Dichter. Wenn er einmal gar zu dick aufträgt, protestiert sie charmant und witzig am Schluß seines Briefes – und schickt ihn ab. Auch das Versenden der Freiexemplare ist ihre Arbeit. *Reuter hat damit nichts zu tun, außer daß er sie geschrieben,* sagt sie. Luise fühlt sich über alle Maße wohl in Thüringen. Doch wenn ihr Reuter fürchtet, daß ihm der Stoff ausgehe, nun, dann wird der liebliche Aufenthalt hier nach zwei Jahren beendet sein, schade, aber nicht zu ändern. Reuter ist der Herr im Haus.

Der Stoff aber, den Luise ihrem Schriftsteller bietet, geht nicht aus. Die Gattin hat wenig Talent zum Dichten, sie weiß das und nimmt sich selbst auf die Schippe, schreibt an Freunde:

Dritter Eßai (Verfasserin von: Hier sitz ich und schwitz ich)
Wenn ich so könnte wie ich wollt'
Auch hoch zu Roß Ihr schaun mich sollt't.
Doch durch den Ritt auf Pegasus
Erreicht nur nie Euch Dank und Gruß,
Darf es mir nicht verhehlen,
Denn Fritz borgt mir nicht Vers noch Fuß,
Auf meinen eignen ich durchmuß,
Den Weg nicht zu verfehlen
Zu Eurem Herzen, bitt ich sehr –
Verzeiht, daß ich zu Fuß komm her.
Übersetzung vorbehalten, Nachdruck untersagt, Kritik verbeten.
Gesagt kann's werden viel gescheiter,
Das fühlt sehr wohl Luise Reuter.
Doch sie verstand es nicht.[40]

Reuter hat also leichtes Spiel mit seiner Weihnachtsspöttelei in der „Stromtid" :
... Un denn geiht de Winter- un de Wiehnachtslust los, un de Bom brennt, un de Julklapp klappt, un denn kümmt 'ne Julklapp von mine leiwe Fru mit en Gedicht; dat is dat einzigste, wat sei all ehr Lewdag' makt hett, un fängt an: „Hier sitz ich und schwitz ich und fördre nichts zutage ..." un wider geiht de Melodi nich; is oewer ok naug von de Ort.–[41]
Daß sie allerdings tatsächlich dichterische Ambitionen in sich fühlt, ist doch die reine Übertreibung! Reuter braucht mal wieder einen Vorwand, etwas abzulehnen. Derartiges liebt er nämlich überhaupt nicht. Also schreibt er an den Feuilleton-Schriftleiter Robert Heller in Hamburg, später auch an Adolf Wilbrandt, daß er ihnen die hochdeutsche Übertragung seines Werkes versagen muß, weil ... *sich meine Frau das so reizend vorgestellt hat, als Übersetzerin in der deutschen Literatur aufzutreten ...* Nein, nein, die Literatur bestimmt nur mittelbar, nur durch ihren Reuter, ihr Leben. Aber sie kann seine Notlügen gut ertragen. Kann sie denn ahnen, daß später einmal all der nette Unsinn, den er in heiterster Laune schreibt, zu ihrem Nachteil ausgelesen und ausgelegt wird? Sei's drum, Luise steht ihm gern zu Diensten, wie auch immer. Der Haushalt, dem sie vorzustehen hat, ist nicht schwer zu bewältigen. Zur Hilfe hat sie Lisette, die „dauerhafte Jungfrau", eine fleißige Köchin, die ihnen von dem Eisenacher Freund Ziegler empfohlen worden ist und die ihnen nicht nur ein gutes Essen, sondern darüber hinaus viel Spaß bereitet mit ihrem albernen angelernten französischen Akzent, mit ihren herrlichen Redensarten und ihrem unfreiwillig ulkigen Wesen.

Fritz arbeitet am 3. Teil der schon jetzt so erfolgreichen „Stromtid". Von überall kommen die Wünsche nach dem Buch, die Leser können es gar nicht erwarten, sogar in den Inhalt mischen sie sich ein. Fritz ist fleißig. Er will es bis zum März beendet haben, denn dann werden sie beide eine große Reise machen: „Einladung zu Sultans". Ja, nach Konstantinopel soll es gehen, über Wien nach Triest, per Schiff weiter. Zu Hause in Eisenach dann einen zweiten Frühling erleben! Hofrat Ziegler, ihr Bankier und Freund, hat die Reise mehrfach gemacht und versichert, daß sie wunderbar sei. Luise ist voll Vorfreude, genau wie ihr Fritz, der mit Lust seine Reisepläne in Reimen oder in Prosa den Freunden mitteilt. Jeden Abend sitzen die beiden Eheleute über Atlanten, über dem „Baedeker" und anderen Büchern, die von fernen Welten erzählen. Der Reiseroman von Adolf Stahr „Herbstmonate in Italien" ist erklärte Lieblingslektüre von Luise. Die Sprachkenntnisse müssen auch ein wenig aufgefrischt werden. Helle Aufregung!

Zurückgekehrt. Am 28. Mai 1864 folgt Luises ausführliche Reisebeschreibung für Marie Peters: *Es geht doch nichts über die alte Freundschaft, liebe Marie, lieber Peters! Das fühlten wir auf's Neue bei Lesung des herzlichen Briefes ... Wir sind seit etwa acht Tagen zurück; aber Ihr habt schwerlich eine Ahnung von dem, was wir auf dieser Reise erfahren, sonst hättet Ihr unserer nicht so ruhig gedacht ... großen Sturm und Todesangst haben wir durchgemacht. Ihr hättet uns leicht nicht wiedergesehen! Die Nacht vom ersten Ostertag auf den zweiten war eine Schreckensnacht. Der Raum des Decks unter Wasser, zwei Segel zerrissen, ein Stück der Bewehrung herausgerissen; zweimal Wasser in der Damenkabine, in einer Hauptkabine; der Boden einer Kabine eingestürzt, alles durcheinandergeworfen und zertrümmert ... Du weißt, ich bin nicht ängstlich auf dem Wasser und hatte am Ende mehr Muth, als ich mir selbst zugetraut; aber ich denke mit Entsetzen an die Nacht zurück. Manche hatten ganz den Kopf verloren und sogar Männer mehr, als Frauen. Es ist ja aber gut gegangen ... meine kleinen Reiseerinnerungen sagen wohl am meisten ... Regensburg ... die Walhalla besehen, herrlich gelegen auf einer Anhöhe, die Donau beherrschend, heilige Stätte abgeschiedener Geister! Unvergeßlicher Eindruck ... – Wien, von vielem Schönen das Schönste: Konzert im Burgtheater und Schönbrunn. Der „Schill" in Wien. „In Wien sollst du nun den schönsten Fisch essen, der existiert", verhieß mir ein Gewisser und bestellte gleich am ersten Abend zwei Portionen „Schill". Sie kamen im Duodez-Format, einem guten Mecklenburger Magen*

Der Hafen von Konstantinopel. Ölgemälde von Charles Marchand, Vienna 1883. Im Besitz des Hotels Kutzbach in Stavenhagen.

schon wenig zusagend. Wie kläglich aber war der gute „Schillliebhaber" zu schauen, als er beim ersten Bissen ausrief „Weißt was, das ist Sander!" Und für diesen Sander, der nicht Saft und Kraft hatte, bezahlten wir zwei Gulden. ... Wien und „Schill" bleibt seither bei uns ungetrennt ... Ragusa, den zweiten Ostertag. Auf einmal in den vollen Frühling hinein! Kletterrosen blühen an Verandas, Akazien blühen, riesige Aloe's in Blüthe, Mandelschoten mit reichen Früchten. Die Officiere dort in liebenswürdigster Weise für die Unterhaltung der „Gestrandeten" besorgt. Auf dem Schiffe befanden sich unter 120 Passagieren ein Fürst, etwa acht Grafen, einige Generäle und andere Kriegshelden. – Eine unbezwingliche Neigung für die ehrwürdigen Bettler Ragusas, anziehend mit ihren langen weißen Bärten, ausdrucksvollen Gesichtern und malerischen Lumpen. Die schönsten Menschenantlitze! Malerische Tracht der Montenegriner, so ein leichter, edler Gang! – Der Kirchhof in Ragusa! einsam am Meere gelegen, von Nonnen gehütet; pantomimische Unterhaltung mit der einen Nonne mit den milden braunen Augen, ein Blumenstrauß von ihr zum Andenken. – Corfu, d. 2. April. Noch blühender als Ragusa, obgleich gefroren. Blühende Orangengärten abwechselnd mit Bäumen voll Früchten, wahrhaft betäubender Duft! ... Constantinopel, den 6. April. Das goldene Horn! Das goldene Horn! – Dann der Schmutz in den Straßen bis zu Pera, wo wir logierten. Pera, die Stadt der Europäer, der schönste Stadtteil. Welch Gedränge in den Straßen von allen Nationen, darunter neben verschleierten schmierigen Türkinnen die reichen Europäerinnen in Sammet und Seide, dann die Damen der Paschas in reichen Wagen, von Eunuchen begleitet,– sie sind nicht schön, die armen Dinger, einfältige geistlose Gesichter, vor allem die gewöhnlichen – hab' sie mir schöner gedacht. – Der Sultan in aller Pracht seines Gefolges auf seinem Ritt nach der Moschee. Schönes, ernstes Gesicht. – Wundervolle Uniformen der Paschas und kostbare Pferde! Daß ich das bemerkt, will etwas sagen! – Das Theater des Sultans. Handgreifliche Pracht! Alles gediegenes Gold! Morgenländischer Luxus! wie ich ihn nie geahnt ... Fahrt auf den Bosporus; auf der Welt nicht ihres Gleichen, ein märchenhaftes Traumland in seiner wechselnden Mannigfaltigkeit von Kiosken, Dörfern, Thürmen, Cipressenwäldern, Kirchhöfen, zauberhaft, über allen Ausdruck. Die Bazare. Mancherlei gekauft; auch in einer Garküche gegessen. – Die alten Türken gar nicht so übel, aber die Griechen Pack. – Die fürchterliche Fahrt nach dem Bugurludag, einer Höhe in Kleinasien, mehrere Stunden zu Fuß, weil der Wagen stecken blieb, durch Lehmsuppe, Steingeröll, Baumgestrüpp geklettert um der Aussicht auf Constantinopel willen, eine Privat-Parthie, die ein alter Kriegsheld, Oberstlieutenant von Sack, später eine „Campagne" nannte, darf nicht vergessen werden. Todtmüde, bis auf die Knochen durchnäßt, kehrten wir vom Schlachtfelde heim – ich die einzige Dame, fünf Herren; bin noch immer stolz darauf, daß der Oberstlieutenant mich eine Soldatenfrau nannte, und wollte das doch gern hier anbringen ... Athen: Die erste Nachtigall im Schloßgarten. Die Akropolis zweimal besucht – unvergeßlich! – Mit Französisch auch hier, wie in Constantinopel und Smyrna überall sich verständigt, so auch in Italien. Venetia, o schönes Venedig! Und wenn wir noch dreimal so viel ausgestanden hätten, um deinetwillen wäre Alles vergessen! Das Schöne der alten Lagunenstadt in 12 Tagen in sich aufzunehmen, ist unmöglich; aber wir haben davon so viel mitgenommen, daß ich mein Lebtage mit Entzücken der kurzen schönen Zeit gedenken werde und des Glanzpunktes der Reise. … der Canale grande, wo fast jedes Haus ein Marmorpalast! Und der Dogenpalast und die Markuskirche, ach, und die schönen stillen Fahrten auf der Gondel! Wer da mit 18 Jahren und seiner Liebe im Herzen nicht geraden Weges in den Himmel hineinsteigt, verdient nicht auf jener Erde zu leben und muß getödtet werden … In Verona Julias Haus und Grab besehen. Die selige Julia würde schwerlich ihren Himmel wieder mit ihrer irdischen Wohnung vertauschen, sähe sie den Kathen und Trog, der ihre Gebeine umschloß. Ebenso würde es sicher Ulysses und Penelope ergehen, wenn sie einen Blick auf ihr unwirthliches und steinreiches Ithaka werfen könnten … Als wir endlich unser reizendes Häuschen wieder betraten, dachte ich: „Warum seid ihr nur gereist? 's ist hier doch am schönsten." – Wir kamen wieder, wie schon seit zwei Wochen überall, mit den Blüthenbäumen. Unsere alte Lisette hatte einen grünen Ehrenbogen vor die Eingangstür gepflanzt, uns strahlte das „Willkommen!" schon von fern entgegen. O, es ist schön hier! und das finden Andere auch, denn solange wir hier sind, gab's täglich Besuch und Anmeldungen über Anmeldungen. Hinstorff und Frau oben an! Dann Julian Schmidt und Frau, Walesrode auf 14 Tage und was sich dann noch so findet, und es müßte doch jetzt gearbeitet werden! – Gute Nachrichten kommen aber auch ans Haus. Ein Berliner Maler illustrirt die „Stromtid", das neue Auflagen erhält; Otto Speckter illustrirt „Hanne Nüte". Die Reisekosten werden bald ersetzt sein; aber es hat Geld gekostet, was denkst du wohl, gegen 1000 Thaler … Eure Luise

Frau Reuter hat vollauf zu tun. Ihr Mann ist mit Schreiben beschäftigt, denn der dritte Teil der „Stromtid" war doch nicht vor der Reise beendet worden, und dann will er ja seine mecklenburgische Urgeschichte weiterschreiben.

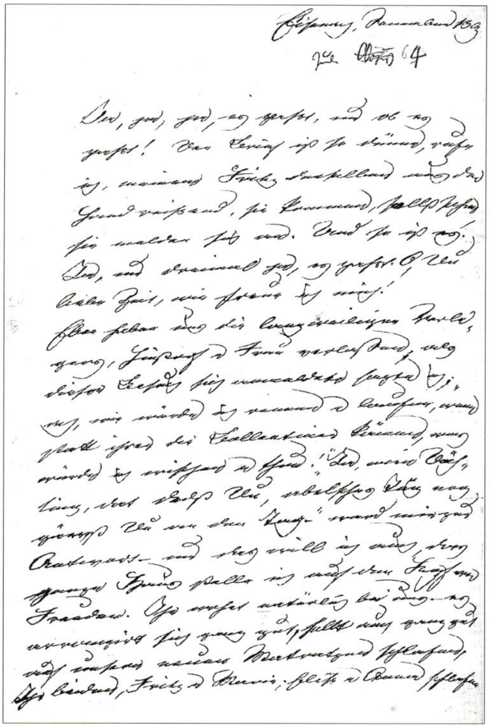

Luise an Marie 1864: „Ja, ja, ja, es geht, und ob es geht! Der Brief ist so dünn, rufe ich, meinem Fritz denselben aus der Hand reißend, sie kommen, sollst sehen, sie melden sich an. Und so ist es! Ja, und dreimal ja, es geht. O, Du liebe Zeit, wie freue ich mich! …"

Auch ein Dichter lebt nicht von der Luft allein, sie hat sich um das Essen zu kümmern. Ja, wenn's nur für ihren Mann zu kochen gäbe, das wäre leicht abzumachen. Aber immer wieder laden sich Gäste ein, oft bringt er auch welche mit, will mit vieren kommen, und dann werden's elfe an ihrem Tisch.

Was macht man mit so einem Gatten? Und dann noch seine Sonderwünsche. Im-

Der Berliner Maler Ludwig Pietsch, der erste Illustrator der „Stromtid“, zeichnete Luise in Eisenach 1864.

mer muß es Mecklenburger Küche sein, deftig, am besten Kohl und Hammel. Schwarzbrot und Pumpernickel bestellt sie aus Mecklenburg. Luise kocht traditionell nach Henriette Davidis' Praktischem Kochbuch, und das Kochbuch der Mecklenburger Küche von Amalia S...g hat sie schon in die Ehe mitgebracht. Was die Thüringer Gänsebraten nennen, hieße besser Gösselbraten, so klein sind diese Tiere hier; tut aber nichts, für die richtigen norddeutschen Gänselieferungen haben sie die Peters' in Siedenbollentin. Nicht geschenkt, nein, sie bezahlen dafür, Reuter ist ja mittlerweile der besthonorierte Schriftsteller Deutschlands. Das sagt er selbst.

AN DER SEITE DES BERÜHMTEN SCHRIFTSTELLERS

… denn schrew ick des Abends „Läuschen un Rimels" un dat würd min Tüftenland, un uns' Herrgott hett doräwer jo sin Sünn schinen laten un Dau un Regen nicht wehrt – un de dümmsten Lüd' bugen de meisten Tüften. [42]

O, es geht ihnen gut. Wenn nur diese lästigen Besucher nicht wären! Und sie ist freundlich zu allen, die von Reuter empfangen werden, aber lieber wäre es ihr, die Verehrerinnen blieben ihr vom Halse. Die setzen sich hin, faseln etwas von gemütlich und reizend und so hübsch und was dergleichen sie sich noch aussinnen, nur um noch länger bei Fritz bleiben zu können. Wollen gar nicht wieder gehen. Ja, schreiben sich etwa die Bücher von allein? Wildfremde Frauen umschmeicheln ihn und taxieren sie mit hochmütigen Blicken. Luise wird schweigsam und linkisch bei diesem Theater. Nein, nein, ungebildet ist sie gewiß nicht, liest immerhin französische und englische Romane in der Originalsprache, aber diese Mäuler, die nicht mehr zugehen, diese langen Seelenergüsse in den Verehrerbriefen, die kann sie nur schwer ertragen. *Wäre es nun nicht besser, die hätten nicht schreiben gelernt?* Diese ätherischen, empfindsamen Wesen, sie würden gar zu gern an Luises Stelle sein. Meinen sie. Die ganze Wahrheit vom

Marie und Fritz Peters, die besten Freunde von Luise und Fritz Reuter.

Leben mit dem Mann wissen sie nicht, denken nur an die viele Ehre, die ihm zuteil wird, an die schönen Gesellschaften, die die Frau an seiner Seite mit ihm besucht. Ja, man bittet ihn zu Hof, zum Großherzog auf die Wartburg, und halb Eisenach wundert sich, daß der fremde Mecklenburger dort eingeladen wird. Luise schaut, daß er sich ordentlich kleidet. Schlecht gelaunt tut er und brummig! Koketterie! Dabei hat er selbst so devot um die Möglichkeit gebeten, ... *Se. Königlichen Hoheit, dem Großherzog meine allerunterthänigste Aufwartung zu machen und hochdemselben meinen Dank für die häufigen Beweise von Gnade auszudrücken ...*[43] Und wie angeregt kommt er wieder zurück. Ein netter Mensch, der Großherzog, meint Reuter begeistert; da lüpft ihr großer Demokrat auch schon mal den Hut beim bloßen Anblick der großherzoglichen Karosse, und die ist lediglich mit dem Kutscher vorbeigefahren. Nun spottet aber Luise. Oh, ja, ihr Reuter hat sich verändert.

Am schönsten wird es immer, wenn sie gemeinsam eingeladen sind. Zwischen Eisenach und Gotha lassen sie kein Gras wachsen; Fritz ist mit seinen Vorträgen dort sehr erfolgreich, und wenn sie ihn begleitet, trinkt er auch nicht so viel. Einen Besuch haben sie dem freundlichen und gemütlichen Schriftsteller Gerstäcker abgestattet, sein Zimmer sieht aus wie ein Museum. Der Mann ist so viel gereist und hat aus aller Herren Länder Dinge mitgebracht, sehr beeindruckend.

Die berühmtesten und klügsten Männer sind jetzt mit ihnen bekannt. Selbst Brockhaus, der große Verleger, bemüht sich, daß Reuter einmal bei ihm edieren möge. Nein, Reuter bleibt bei seinem Hinstorff, meint, Esel und Esel stimmen am besten zusammen. Aber Fritz weiß auch, daß er Hinstorffs bester Esel im Stall ist und gut gefüttert und gestriegelt wird. Er kann auch so schön über ihn spotten. Reuter sagt, Hinstorff sei der größte Verleger Europas, weil er ständig alles verlegte und es nicht wiederfände.

Reuter schreibt jetzt an seiner politischen Satire, der Urgeschichte. Aber er kommt damit nicht recht voran. Es wird wohl so sein, daß er Mecklenburg nicht weh tun möchte, ohnehin sagt man in Eisenach nichts Gutes darüber. In das Horn muß nicht auch noch geblasen werden. Denn Luise und Fritz werden wieder nach Mecklenburg gehen, wenn Reuter es so will. Erst einmal aber möchten sie zum Jahresanfang gen Norden fahren.

Eisenach, 26. Novbr. Meine liebe Marie ... Daß ich aber auch nach Stavenhagen muß, fällt mir schwer. Sophie klagt schrecklich über Gemüthsleiden, von dem sie seit dem Brand ihrer Malzdarre befallen. Damit kann man doch kein tiefes Mitleid haben! – möge sie nie Seelenschmerz kennen lernen! Es ist aber traurig, daß ihr das irdische Hab und Gut so ans Herz gewachsen. Ihre Kinder gedeihen, Marie ist glücklich, sie liebt und achtet ihren Schwiegersohn, hat ihr gutes Auskommen und wird gemüthskrank wegen Nichts ...

Eine Rundreise durch Mecklenburg soll es werden, überall verlangt man ja nach dem gefeierten Dichter, doch zuvor geht es unbedingt nach Pommern zu ihren lieben Bollentinern.

11. Decemb. 64. Liebe Marie, Alles richtig erhalten, schön erhalten, nämlich die Gänserei; Alles schön gerathen, trefflich gerathen, die Gänserei, uns gut geschmeckt, schon Vielen gut geschmeckt, die Gänserei ... Auf Dein Wohl bei der ersten Probe des Weißsauer diverse Flaschen Wein geleert, – „mußt austrinken bis auf den Grund!" ermahnte mein Reuter seinen alten Freund,

Geheimen Justizrath Fischer, „sonst hilft's der Dame nicht", – und er that's – und that's wieder auf Dein Wohl ... Aber, meine gute Marie, wie viel Dank bin ich Dir schuldig, daß Du mich dieser Mühe überhoben! Diese Abrechnung mit Dir wird mir schwer gelingen, jene mag mein Reuter mit Deinem Manne abmachen, wenn wir kommen. Und wir kommen! Gleich nach dem Feste kommen wir. Und wie ich mich freue ...
Marie ist doch die beste Freundin. Eine Prachtfrau. Kein geziertes Gehabe, kein dämliches Gefasel von empfindsamer Seele, nur handfeste häusliche Arbeit, Kinder, Lärm, Wind und Wetter, Felder, Vieh, das ist Siedenbollentin. Und wie prächtig hat sich der kleine Ernst, Reuters Patenkind, herausgemacht! *Wie schön, Marie, daß wir den kleinen Nachkömmling doch noch bekommen haben, als er eigentlich gar nicht mehr begehrt war.*

Die Männer spielen Karten und Schach und politisieren; wer immer in der alten Heimat erfährt, daß Reuter da ist, kommt dazu, eine lustige Zeit.

Was dann passiert, überwältigt nicht nur Luise. Wo sind die stillen, zurückhaltenden Mecklenburger? Was ist in sie gefahren, daß sie so aus dem Häuschen sind, wenn ihr Reuter sie beehrt? Wo sie ankommen auf ihrer Rundreise, werden Ständchen gesungen, Fackeln angezündet, Lorbeerkränze gewunden; Festessen zu seinen Ehren veranstalten die Honoratioren in Malchin, in Stavenhagen, Neubrandenburg, Güstrow, Wismar. In Rostock entblöden die Studenten in ihrem Reuter-Taumel sich nicht, die Pferde aus- und sich selbst einzuspannen, so wie er früher einmal in seiner scharfen und bösen Satire den mecklenburgischen Untertanengeist beschrieben hat. *Ja, ihr seid mir wack're Deutsche, wie gemacht für Zaum und Peitsche ...* [44]
Reuter äußert kein Mißbehagen. Auch in Stavenhagen nun der berühmte Sohn der Stadt zu sein, läßt er sich gefallen, während Sophie, die reiche Halbschwester, die von Fritz' Vaters Erbschaft so sehr profitiert hat, Witwe nun schon, still und zurückgezogen in einer Wohnung lebt. Fritz hat seinen Vater unsterblich gemacht, nicht Sophie. Welch diebische Freude erfüllt ihn Ende März '63, als er Sophie ein Exemplar der Urkunde über die Verleihung des akademischen Grades Doktor honoris causa zusendet. Von der Universität in Rostock, alles ist in lateinischer Sprache abgefaßt, und er legt ein unschuldiges Zettelchen dazu: „Möst di dat öwersetten laten!" Ja, Sophie Reuter, Fritz hat sein Leben in die eigenen Hände genommen, hat etwas vor sich gebracht, und er ist dir längst über.

Manchmal fürchtet Luise, daß sie und Reuter zu viel Glück haben. Daß es ihr zu gut geht. Fürchtet, daß dies Glück ein schlimmes Ende haben werde, nicht nur das Schriftstellerglück, nein, das ganze Erdenglück. Reuters Gesundheit macht ihr Sorgen. Die Reise, die vielen Festgelage und all die fröhlichen Menschen, deren euphorisches Zuprosten erwidert werden will, das alles ist zuviel für den armen Mann.

Luise verzweifelt schier und bittet Julian Schmidt um Beistand:

Eis. 20. Mai Lieber, verehrter Herr Doctor, Sie müssen mir beistehen, meinen Fritz zu erhalten ... Mein armer Reuter ist sehr herunter, augenblicklich sogar recht krank; wenn er sich zu keiner ernstlichen Cur entschließt, fürchte ich für ihn, und ich allein habe trotz seiner Liebe für mich nicht den Einfluß, ihn zu diesem Entschluß zu bewegen. Er müßte auf längere Zeit sich einer strengen Diät unterwerfen ... in einer Kaltwasseranstalt würde es leichter sein, die Cur consequent durchzuführen ... Sie sind sein Freund, und er liebt und schätzt

Bad Laubbach. Die Kaltwasseranstalt existiert längst nicht mehr, und Laubbach ist in die Stadt Koblenz eingemeindet worden. Stich aus dem Besitz des Mittelrhein-Museums Koblenz.

Sie gleich hoch. Wenn Sie ihm ernstlich vorschlügen, ... dieses Opfer zu bringen – ich glaube, Sie würden auf seinen Entschluß einwirken, mich wesentlich dabei unterstützen und sein Leben verlängern. Denn mir ist bange um ihn ...[45]

Luises Bemühungen tragen Früchte.

Eisenach, 1. Juni 1865 Meine liebe Marie, Mein Reuter ist sehr krank gewesen; ich konnte nicht länger ruhig sein, habe von fernher ärztliche Capacitäten befragt und das Resultat ist, daß wir so bald wie möglich nach Laubbach bei Coblenz gehen, an einen berühmten Arzt adressirt. Ich sage nichts über meine Angst, sie läßt sich nur empfinden. Fritz ist noch sehr angegriffen, obgleich schon fünf Tage außer Bette; an Freundschaft und Theilnahme fehlt es hier nicht – in Brandenburg hätte ich sie nie gehabt – der Großherzog sogar, der meinen Fritz wiederholt zur Tafel geladen, ließ sich nach seinem Befinden erkundigen. Ich bin nur froh, daß Fritz sich zu einer ernsten Cur entschlossen. Laubbach ist eine Kaltwasseranstalt. So gehen wir denn wieder einem Nomadenleben entgegen ... wenn wir gesund wären, fehlte uns nichts zu unserm Glücke ... aber nichts ist vollkommen hienieden ...

Bevor sie nach Bad Laubbach bei Koblenz abreisen, nehmen beide an dem in Eisenach stattfindenden Protestantentag teil. Sogar in der Kirche wird ihr Reuter gewürdigt, ganz offen sagt man, er habe durch seine Schriften mehr bewirkt als viele Prediger. Abends sitzen sie an der Tafel unter lauter freisinnigen Schwarzröcken, und ein Toast nach dem anderen erklingt. Soll einem da nicht angst und bange werden? Reuter muß zur Kur, muß die Einladung nach Jena zur 50jährigen Jubelfeier der Burschenschaften ablehnen; Luise trennt sich schweren Herzens von ihren Reiseplänen, hat Marie sie doch zur

Hochzeit ihrer Tochter Elise nach Siedenbollentin eingeladen.

Anfang Juli 1865 ziehen sie in Bad Laubbach ein, weit weg von der Heimat. Freund Grashof hat das Bad empfohlen, ein berühmter Arzt soll dort sein. Grashofs selbst haben sich angesagt, eine Zeit dort mit den Reuters zu verleben. *Lieber Bruder,* antwortet Reuter, *das ist prächtig ausgedacht ... Es ist mir indessen sehr lieb, daß Ihr Lübecker Doctoren mich hierher spedirt habt, denn denke Dir! grade an dem Tage, als ich hier angekommen war, also vor jeglichem Gebrauche des kalten Wassers, brach bei mir der Hexenschuß aus, der sich als prachtvoller Erasmus entwickelte, mich einige Tage aufs Bett warf und noch bei mir zum Besuch weilt, er hat aber schon mit dem Stuhle geschurrt und Hut und Stock in der Hand, um Abschied zu nehmen und ich werde ihm dann einen höflichen Diener machen, was bisher nicht recht gehen wollte ... Meine Frau, die auf's allerherzlichste grüßen läßt, kurt ein wenig mit und wird fett dabei, ich hoffe sie präsentieren zu können ...*[46]

Das ist nicht nett, Luise wird älter, geht ein wenig in die Breite. Sieht etwa Reuter wie Adonis aus? Hat sie je so gefrotzelt über ihn? Schön, sie wird die Diät strenger einhalten, sie bemüht sich, ihrem Manne zu gefallen. Das Leben ist ganz angenehm hier, Reuter erholt sich und arbeitet. Seine Urgeschichte hat er beiseite gelegt und schreibt nun *im Dienste Dörchläuchtings.* Gisbert von Vincke, der Schriftsteller, macht auch die Kur in Laubbach, gerade hat er ihrem Fritz so hilfreich bei seinem Hexenschuß beigestanden. Das ist ein gebildeter Mann. Und ein treuer Freund, wie ihr scheint. Sie mag ihn von Herzen. Für eine Zeit verläßt Luise ihren Mann, sie weiß ihn ja in den guten Händen des Dr. Petri, des leitenden Arztes der Anstalt. Sie will zu Hause nach dem Rechten sehen, für die kalte Jahreszeit muß vorgesorgt werden. Lisette hat ihnen *gehörig mit Unredlichkeit gedient,* sie haben sich schnell und in aller Stille von ihr getrennt. An Lisettes Stelle ist jetzt eine Fernande getreten, aber leider heiratet diese demnächst. Nur langjährige Angestellte sind zuverlässig, Luise muß sich also selbst kümmern und versuchen, eine neue Hausangestellte zu engagieren. Wieder zu Hause, stellt sich gleich die Sehnsucht ein:

Eisenach [19.9.] Dienstag Abend 8 Uhr. Wie ist es doch so unheimlich, mein altes Tücking! Weiß Gott, obgleich ich vollauf geschafft -- mir scheinen die paar Stunden unserer Trennung eine lange Zeit. Das kommt davon, wenn man so aneinander hängt! – ... Bei Zieglers gewesen, gut und freundlich, Trauben gut angekommen ... Wie lieblich macht sich unser kleines Paradies! Die Fußböden spiegelblank, hab Dir auch schon Filzschuhe gekauft, gleich ein halb Dutzend für Herrenbesuche, Damen frei! und wie grün, wie frisch sieht's aus, wundervoll – den Rhein muß man sich freilich hinzudenken. ... Von Herrn Ziegler 2 Handküsse! weil er doch keine anderen geben konnte. – Geh aber nicht und thue desgleichen!

Über meiner Tür hängt ein schönes Bild – der Rheinstein von den geschickten Händen der lieben Frau Cäcilie Müller in Kork ausgeschnitten, von ihrem Mann dorthin gehängt, auf der Rückseite: „dem verehrten Freunde Fritz Reuter und dessen liebenswürdiger (so steht da!) Gattin!" und in Deiner Nähe hängt die Photographie der Studierstube der beiden Gebrüder Grimm! Von wessen Hand gebracht, habe ich noch nicht ermittelt – soll aber noch geschehen. Wie wirst Du dich freuen – ich bringe sie mit. Der Tag war voll Wirrwarr, aber ich freue mich meines Kopfes, der das so gut macht ... Morgen Flaschenspülen etc. – Abends Briefe schreiben; mir ist aber jetzt so, als schriebe ich immer nur an Dich. Darfst nicht sterben vor mir, wie soll ich allein weiter leben! ... Gute Nacht, mein altes Geschöpf, schreibe mir auch bald, und lebe so wohl, als es Dir wünscht und bittet Deine Louise.

Drei Tage später erhält Reuter den Brief, berichtet über dessen Inhalt gleich Grashof und – beschwert sich kurz darauf bei Luise, sie schreibe ihm nicht genug: Reuter wartet auf die heiteren Briefe seiner Frau, wenn sie denn schon selbst nicht bei ihm sein kann. 14 Jahre dauert ihre Ehe nun, und die Liebe ist nur dauerhafter und stärker geworden.

Liebe Luise,
Es scheint doch so, als ob ich schreibfauler Mensch noch mehr Zeit zur Correspondenz finde, als Du. – Habe heute an August Tessin geschrieben und muß nothwendig an Hinstorff schreiben, der Mensch ist unverbesserlich und bringt mich durch sein fortwährendes Schweigen bei aller Dringlichkeit und Wichtigkeit der Geschäfte ganz aus meinem Phlegma ... Die Gesellschaft schmilzt jetzt auffallend rasch zusammen, und viele Gäste gehen noch in diesen Tagen ab ... Indessen ist es hier für mich so langweilig geworden ..., daß ich Gott danken werde, wenn ich hier Lebewohl sagen kann. – Der Schneider hat eine Weste und Hose gebracht, sie sitzen recht gut. Der Rock kommt morgen. – Die Weinlese hat begonnen, man merkt aber auch gar nichts davon – auch gar nichts! als daß man hie und da ein überaus schmuziges Frauenzimmer mit 'ner Bütte tragen sieht. Das sind die schönen Winzerinnen! Wirst noch genug davon sehen, dies Vergnügen dauert noch spät in den October hinein.

Meine Arbeit rückt bei der vielfachen Störung durch Correspondenzen nicht so vor, wie ich wohl möchte; obgleich sie sehr gut schafft, wenn ich dabei bin. Gestern habe ich ein neues Kapitel angefangen und das hat immer seine Schwierigkeiten.

Nun lebe wohl und komm bald wieder zu mir, mir fehlt's an allen Ecken und Enden, wenn Du nicht hier bist. Johann hat fest versprochen, die Mäuse zu vergiften, damit sie Dich nicht stören, wenn Du schlafen willst, oder wenn – Meine liebe Dirn, komm bald! Dein Fritz Reuter – Laubbach, d 26. Sept 65

Ich lege meinen Brief an Hinstorff hier bei ein, lies ihn und schicke ihn gleich ab. d. O.

Ihre Briefe kreuzen sich, denken nicht beide voll Liebe und Sehnsucht aneinander?

[24.9.] Sonntag Abend Liebes Tücking, Du sollst eine große Freude theilen, die mir heute wiederfuhr, obgleich Du es nicht verdienst, alter Schlingel, denn ich erwartete vergebens einen Brief von Dir nach meinem langen. Also höre: kommt heute Nachmittag ein junger Mann, etwas reducirt im Anzuge, graue vertragene Joppe – ich hielt ihn etwa für einen reisenden Sänger, der in Geldverlegenheit. Er fragt, ob hier nicht der Mann wohne, der die schönen Bücher schreibe, Herr Fritz Reuter (etwas verworren, halbgebildet, auch ein wenig verlegen drückte er sich aus), der wäre aber nicht zu Hause, wie er wohl wisse (der Filz drohend), ich aber sei gewiß „seine Madam", und die wolle er nun bitten um ein Buch von ihrem lieben Herrn, wenn etwa eines von dem Verleger (genaue Worte) übrig gelassen wäre und er so frei sein dürfte, das zu verlangen. „Aber Sie sind doch kein Norddeutscher, wie ich höre, verstehen Sie denn Platt-

deutsch?" Er wäre aus Quedlinburg, wo Alles platt redete, auch lesen könnte, traurig, aber habe kein Buch und auch kein Geld, eines zu kaufen, er sei ein junger Gärtner außer Dienst, reise umher, einen zu suchen, wolle sich die schöne Wartburg besehen, von der er schon in der Schule gehört. Natürlich hole ich ein Buch, ein gebundenes Läuschen un Riemels. O, Fritz, kein Mensch noch hat eine so rührende Freude über eines Deiner Bücher gezeigt, ich wünschte, Du hättest sie sehen können! „O, o", rief er außer sich, das Buch mit beiden Händen bedeckend, „das ist ja 'n Prachtband!" Und die strahlenden Augen! Wie dankte er ohne Worte! Dann in diesem Herzensjubel mir zunickend, ging er halb nach mir sehend, halb auf das Buch, mit glückseligem Lächeln in der Schräge die Treppe hinunter. Unten an der Gartentreppe zog er seinen Hut noch einmal, das Buch mit zärtlichen Blicken betrachtend. – Ich fühlte eine unbeschreibliche Freudigkeit, nahm meine Arbeit wieder und dachte, warum ich wohl dem jungen Mann nicht auch ein kleines Reisegeld mit auf den Weg gegeben, und ob ich ihm wohl eines hätte geben müssen. Darüber verging etwa eine Stunde; dann schellte es, und mein Freund erschien abermals. O, weh, dachte ich, meine reine Freude! Nun kommt er, das Nützliche mit dem Angenehmen zu verbinden. Aber er war besser als meine Gedanken! Was wollte er? Mich bitten, meinen Namen zum Andenken in das Buch zu schreiben, auch, und gewiß die Hauptsache, „damit man ihm glaube, daß ich selbst ihm das Buch geschenkt." – Natürlich that ich's, gab ihm nun aber kein Reisegeld – das hätte ihm weh gethan, denke ich. In dem Wunsche und dem Ausdruck der Freude dieses Naturmenschen (er war ein stämmiger Bursche von vielleicht 24-28 Jahren) lag Deine größte Anerkennung, Fritz, und nächst der ersten Rezension habe ich nicht so tief mit Dir gefühlt. Was sind alle Verehrerinnen (selbst die schönsten) mit ihren schönen Worten gegen diese reine Empfindung! Ich bin ganz erfüllt von dieser Scene und möchte Dir sie so gern möglichst treu vorführen. Du wirst Dich freuen, und ich kann's leider nicht sehen! …

Freund Grashof hat Reuter das Angebot gemacht, für ihn das bei Hinstorff verdiente Geld in Aktien anzulegen. Grashof lebt jetzt in Lübeck und ist in der Deutschen Lebensversicherungs-Gesellschaft angestellt. Reuter soll sein gutes, schwer verdientes Geld für sich arbeiten lassen, nicht für Hinstorff. Wer hat schon etwas zu verschenken in diesen unsicheren Zeiten?

Gleich am nächsten Tag befolgt Luise Reuters Anweisung: *Geehrter Herr Hinstorff, Mein Reuter hat mir seinen Brief*

Hermann Grashof, einer der besten Freunde und Ratgeber von Fritz Reuter.

an Sie zugeschickt und ich sende Ihnen denselben, indem ich Sie herzlich bitte, Reuters Worte zu beachten, damit Schritte vermieden werden, die zur Trennung führen könnten; Fritz ist fest entschlossen, bei dem Ihnen bereits Gesagten zu verharren und in einer sehr gereizten Stimmung, die noch durch die vielen außerordentlichen Anerbietungen gesteigert wird. Er wird entschieden nicht von dem Verlangen ablassen, alljährlich sein Eigenthum blank und baar in Händen zu haben; er wird fest sein, Sie sollen es sehen. – Ich schreibe Ihnen dies in wohlmeinendster Absicht, Herr Hinstorff, damit Sie sich nicht täuschen.

Sobald ich hier unsere Anordnungen und Einrichtungen für den Winter getroffen, werde ich zu Reuter nach der Laubbach zurückkehren, um noch recht lange dort zu bleiben und bin froh, daß Fritz sich dazu entschlossen hat. Seien Sie nebst Frau und Töchter freundlichst gegrüßt Ergebenst Luise Reuter [47]

Reuter ist mit dem Geld sehr genau. Luise führt ein Wirtschaftsbuch, und sie rechnet bei Reuter ihre Ausgaben ab. Hin und wieder erhält sie das Geld, das die nicht beanspruchten Freiexemplare einbringen, zum eigenen Gebrauch. Außer der Versicherung, sparsam zu sein, pariert sie auch seine kleinen Sticheleien. Witz hat sie, das muß er ihr lassen!

[1.10.65] Sonntag abend. Mein liebes Tücking, Alles will und woll ... Für wen läßt Du dich denn jetzt putzen? Eine rechte Arbeitswoche gehabt. Alle Betten gesonnt, Flaschen gespült, Wäsche eingeweicht, abends bis 10 Uhr geschrieben. Holz gekauft 6 Klafter, kostet aber 52 th 24 s. Morgen wird der Wein abgezogen, früher konnte Herr Resock nicht dazu gelangen, habe ihn in eigener Person ersucht. Dann Holz fahren, dann große Wäsche und allerlei für die Wirthschaft, Arbeit für diese Woche, denn in der nächsten Schneiderei und kleine Wäsche. Vor 14 Tagen sicher werde ich nicht fertig, so sehr ich mich auch spute. Fortwährend herrliches Wetter! Die Weinrechnung habe ich noch nicht von Resock, zahle nach dem Abzapfen, dann auch Brunke Deine Hemdenleinwand – und werde mir gewiß von Herrn Ziegler noch 100 th geben lassen müssen. Ich schreibe alles genau an für Dich und lebe sehr sparsam mit Ausnahme von heute nachmittag, wo Familie Ziegler mit einer Freundin bei mir zum Kaffee waren und ich für 10 s Kuchen gekauft. Morgen die Bücher an Grashof senden und schreiben! Der treue liebe Freund! Von dem glaube ich jedes Wort. – Ziegler bat heute, Du möchtest bei Hinstorff nichts aufsummen lassen, ohne daß ich eine Silbe davon gesprochen, er warnte wohlmeinend. Bleibe darin auch fest und bestimmt. Wer weiß ganz genau, wie es mit ihm steht. Grashof hat recht ... Wenn ich nicht so vollauf zu schaffen hätte, triebe mich die Sehnsucht zu Dir, aber Arbeit zerstreut ... Nimm Dich auch vor Erkältung in Acht ... und leb wohl, mein Friedrich, schlaf wohl! – Deine Luise. Überarbeite Dich auch nicht, strenge Dich nicht zu sehr an, Herzens-Tücking. –

[4.10.65]Eisenach Mittwoch Abend. Mein Tücking, Nun hast Du meinen letzten Brief auch und sagst nicht mehr, daß ich weniger an Dich schreibe als Du an mich. War aber der gestrige Tag voll Unruhe! wollte Dir schon gestern Abend schreiben, mußte mich aber um 8 Uhr legen – das war dem Kopf denn doch zu viel, höre: – Gestern Morgen 7 Uhr schon kam die Einladung an Dich von Deinem alten Freund, aus dem Rautenkranz – ich suchte Deine Stelle zu vertreten, begleitete das Ehepaar nach dem Bahnhofe. Aber ist das ein Redner! Kaum daß er meine Berichte über

Dich angehört, unaufhörlich geschwätzt von Reichenhall und dem Leben dort. Ob Du wohl den zum Schweigen gebracht? Ich kriegte keinen Fuß auf die Erde und mußte mir gestehen, als ich 1 Uhr in großer Hitze zurückkehrte, daß dies doch nur eine recht langweilige Unterhaltung gewesen. Habe ich aber, wie ich voraussetzte, Dir einen Gefallen gethan, indem ich Deinen Freund aufgesucht, solls mich nicht ärgern. – Nun wollte ich für Grashof die Bücher einpacken, war eben dabei beschäftigt, mir vom Boden ein Kistchen zu suchen, da – erschien Krause aus Berlin nebst Frau, mit denen ich verabredete, Nachmittags nach Wilhelmsthal zu fahren. Sie gingen auf die Wartburg und ich wollte nun packen und schreiben. Kaum dabei, überrumpeln mich ein paar fremde Damen, glühende Verehrerinnen von Dir, die aber kein Unheil weiter stiften können, wohl aber zu der Frage berechtigen: wie ist's nur möglich, daß man solche eigne Person für so wichtig halten kann, Andere damit zu malessieren? Häuhning mit einem gebildeten Malchen! – Sie kamen von Liebenstein, hatten nicht vorüber können … und hießen – ja, das weiß ich nicht mehr – auch gewiß gleichgültig. Diese Quälgeister raubten mir nun vollends den Morgen – den Nachmittag in Wilhelmsthal. Sehr schöne Herbstbeleuchtung. Aber welch ein zärtlicher Ehemann ist der Krause! Davon hättest Du lernen können. Wie ein Bräutigam gegen seine Frau und so voll Fürsorge! Sie hat mir auch sehr wohl gefallen, hat etwas Weiches, Sanftes, aber auch recht Leidendes. Um ihretwillen geschah denn auch der kleine Ausflug, führte bis Heidelberg. Sie grüßen Dich herzlich, wie alle hiesigen Freunde … Ich bin so fleißig wie möglich. Diesen Morgen an Grashofs geschrieben und die Bücher gepackt; diesen Abend als Eilgut (1th 3 s!) abgegangen, so auch der Obstkorb an Jühlke mit einem Schreiben; ferner heute nachmittag den Hochzeitslöffel für Elise eingepackt, geschrieben und versandt. Das Geschenk ist sehr schön ausgefallen; der Stiel ist so gereift, wie die Doctorlöffel, und kostet derselbe 12 th. Ich hatte die Wahl zwischen einem zu 9 th und diesem, und das mußte es doch sein … Der Wein ist abgezapft … Es sind 188 Flaschen klaren Weins und 3 mit Bodensatz, den ich aber noch durchseihen werde. – Die Weinrechnung habe ich aber noch nicht – es ist gerade Jahrmarkt … Vergebens erwartete ich das Holz, wie mir versprochen – aber – es ist Jahrmarkt. Jetzt Wäsche, nächste Woche Schneiderei und dann wieder zu Dir, mein Tücking. Hätte ich nicht so vollauf zu schaffen, daß mir jeder Besuch, jede Störung lästig, würde ich Dich noch mehr vermissen, aber ich bin fleißig. Gerade als ich Deinen Brief erhalten, sprach Herr Ziegler auf dem Gange zur Wartburg bei mir vor – ich gab Ihm Deinen Brief an Hinstorff, der ihm aus der Seele geschrieben wäre, sollte ich Dir sagen mit seinen herzlichen Grüßen. Nun von Doris. Sie stellt sich fortwährend gut und willig und thut, was sie mir von den Augen ablesen kann … was meinst Du, was wir thun? Langsam ist sie, mag sie aber vielleicht noch rascher werden, wenn sie länger im Dienst … aber sie ist auch sehr reinlich und von Haus aus ordentlich. Wir kennen nun ihre guten und weniger guten Seiten. Du magst entscheiden. – Eben sagte ichs Herrn Ziegler, der ist nun gegen sie eingenommen … Das wird sich ihm ja bald zeigen. Antworte mir darauf – ich denke wir nehmen sie … Das war doch kein kurzer Brief? Nun schlaf wohl mein Tücking. Deine Luise – Der Dittmar habe ich für Stubensträucher und Portoauslagen bezahlt 10 th 26 s. Ist es Dir denn so lang-

weilig dort? das thut mir leid. Aber sind da denn Mäuse? Dann komme ich ganz gewiß nicht wieder. Krause nebst Frau meinten, Du müßtest nur auch mal über „glühende Verehrerinnen" schreiben, die jetzt Berlin nach allen Richtungen hin unsicher machen. Krankheit der Zeit, sagte er, sie müssen Jemanden verehren.

[Eisenach, 5. 10.] Mein geliebter Fritz, Heute wird mir das Schreiben an Dich schwer, weil ich Dir eine traurige Nachricht zu bringen habe, bringen muß. Ich zögerte schon einen Tag damit, weil ich es nämlich zu machen hoffte, Dir durch meinen persönlichen Trost beizustehen in Deinem Schmerz – Deine gute Schwester Lisette, von der wir zuletzt so gute Nachrichten hatten – hat unseren Brief nicht mehr gelesen – sie ist bei Gott! O, lieber armer Fritz, daß ich jetzt nicht um Dich sein kann, schmerzt mich tief, ich habe mich vergebens abgemüht, um meine Abreise zu Dir zu beschleunigen … Ich will Dich jetzt noch mehr lieb haben, seit Du Deine geliebte Schwester verloren. Die gute Lisette, die treue Schwester und Mutter! … So gut und herzlich, wie ich's fühlte, habe ich Sophie um Nachricht gebeten, aber noch keine erhalten, und fürchte, Du möchtest die Trauerkunde auf anderm Wege erhalten, sonst erwartete ich noch Sophiens Brief, der doch bald kommen muß. Mein Friedrich, daß Du Dich nicht an meinem Herzen ausweinen kannst, quält mich unbeschreiblich! Jetzt haben wir nur einander und wollen noch fester Freud und Leid miteinander tragen. – Gott lasse uns noch lange beieinander! – Am Mittwoch, d. 11. Oktober, reise ich von hier ab, bleibe die Nacht in Gießen und bin am Donnerstag Mittag 11 1/2-12 Uhr in Coblenz. Gott führe uns gesund zusammen! … Gib mir in drei Zeilen Antwort, damit ich mich über Dich beruhige, mein Friedrich! Daß ich jetzt nicht an Deiner Seite sein kann, thut so weh. Deine Louise [48]

Mitte Oktober ist Luise wieder in Bad Laubbach. Reuters Gesundheit bessert sich nicht sehr. Er hat nun auch unter den Koblenzern Freunde gefunden, schreibt Luise an Grashofs, *sogar den 1. Commandanten von Coblenz und Ehrenbreitstein, der ihn besucht. Eigen Wendung! Während Fritz früher zum Commandanten geführt wurde, bemüht sich der jetzt zu ihm!*

Noch einmal fahren sie den langen Weg nach Siedenbollentin, um Januar und Februar bei den pommerschen Freunden zu verleben. Dann geht es nach Berlin. Dr. Michel Marcus, ein Bekannter von Reuter, fährt mit ihnen, teilt Luise Marie mit, *er war unerschöpflich in seinen Mittheilungen über seine Wassercur-Erfolge und Einrichtungen und „michelte" uns so ganz langsam in den Schlaf …* Den interessantesten Sitzungen im Abgeordnetenhaus lauschen sie beide und werden gewaltig hofiert. Der Präsident bittet sie, in der Präsidentenloge Platz zu nehmen; es ist wohl eine Ehre für die Politiker, den berühmten Schriftsteller bei sich zu haben.

Sie kehren nach Laubbach zurück. Immer weniger zufrieden zeigt sich Luise mit dem Arzt Dr. Petri. War sie voriges Jahr noch stolz und glücklich, als Fritz zum Geburtstag des Arztes mit einem langen Toast allgemeines Wohlgefallen erregt hatte, macht sich jetzt bittere Enttäuschung breit. *Um Fritz bangt mir,* beschwert sie sich, *der lebt ganz nach alter Neigung gegen die hiesige Hausordnung … und der Doctor? er sieht ruhig zu, … thut, als lebten wir hier zum Vergnügen … Das ist kein sorgender Arzt, er betrachtet Fritz als seinen Lockvogel, der die Anstalt hebt, schmeichelt ihm, läßt ihn machen was er will. Geld-Interesse ist die Haupttriebfeder … Fritz fühlt das auch und geht mit ihm um wie die Katze mit der Maus ... Dieser Arzt sieht täglich, daß Fritz ganz willkürlich lebt, von viel Gehen keine Rede mehr, er wird so stark, so aufgeschwemmt, daß es ein Jammer, und Petri läßt lächelnd Alles geschehen, ohne durchzugreifen. Ich bin so bitter auf ihn, so ohne alles Vertrauen. Meinen Bitten setzt er jämmerliche Ruhe entgegen ... Jetzt leidet Fritz wieder, ich curire ihn ... Ach Gott, wo ist Hülfe ...*

EIN EIGENES HAUS

Wenn einer kümmt un tau mi seggt:
„Ik mak dat allen Minschen recht!"
Denn segg ik: „Leiwe Fründ', mit Gunst,
Oh, liehrn S' mi doch des' swere Kunst!"[49]

Frühjahr 1866, sie sind wieder in Eisenach, im trauten Heim. Die Unterhaltungen wirken nach. Professor Böcking, der Rechtsgelehrte aus Bonn, den sie auf ihren Reisen von Laubbach aus kennengelernt hatten, mit dem sie jetzt herzliche Freundschaft verbindet, sprach ihnen über die Annehmlichkeiten eines eigenen Hauses. Grashof machte ihm deutlich, daß er ein reicher Mann sei und mit des Freundes Hilfe noch reicher werde. Der Gedanke an ein eigenes Haus liegt beiden nahe, wenngleich Reuter in seinen Briefen gern die Initiative und den Wunsch seiner Frau betont, kokett, wie er nun mal ist. Was soll er denn machen mit seinem vielen Geld? Besitzt nicht sein bester Freund, Fritz Peters, schon lange ein ganzes Gut? Ein Haus ganz ohne unerwünschte Störungen, sie haben es sich längst verdient; Lohn für lange Mühen, folgerichtiger Entschluß für einen wohlhabenden Mann. Und ist nicht ein eigener Garten für Reuter ein langersehntes Glück?

Unversehens wird ein Hausbau bedeutungslos. Es ist Krieg. Krieg zwischen Preußen und Österreich. Das beschauliche Leben im eigentlich nicht involvierten Eisenach ist beeinträchtigt. Reuters helfen, wo sie können, nehmen Einquartierungen auf, sammeln für Verwundete.

18. August. Meine liebe Marie, ... unser Kranker ist noch bei uns, schon die siebente Woche, dazu die möglichsten Besorgungen in Versendung der erbetenen Lazarettgegenstände, die Sorge, solche aufs Beste zu verwenden, dazwischen dann immer ein sehr langsames Mädchen – ach! – und so oft ein kranker Mann! Wenn das nicht wäre! Aber dann wäre man wohl zu bevorzugt ... Marie Vollgold, geb. Reuter – Stavenhagen ist seit mehreren Wochen Mutter ... Die schlimmen Zeiten aber drücken auch auf die jungen Anfänger, und wollte sie 1000 th von ihrem Onkel leihen. Leider können wir aber jetzt nicht helfen, da unser Hausbau vor sich gehen soll – ein Baurath in Gotha ist mit der Zeichnung des Baues beauftragt, der Garten bereits bezahlt, die Arbeiten beginnen. Ein langersehnter Wunsch naht somit seiner Erfüllung, und doch ist mir auch gar nicht so, als hätten wir viel Freude daran. Dächte ich nicht ganz fest: der eigene Garten wird Reuters alte Neigung, sich darin zu beschäftigen, wieder wecken und somit zu seiner Lebensverlängerung dienen, ließe ich ganz davon ab ...

Fritz läßt sich nicht vom Trinken abbringen. Immer wieder muß sie Bekannte und Unbekannte abwimmeln, empfängt manche Gäste selbst, schützt ihren Mann vor unbefugten Augen. Nur Dr. Schwabe kommt, der gute teilnehmende Arzt, doch der kann auch nicht helfen. Gisbert von Vincke klopft an die Tür, will die erfrischenden Gespräche von Laubbach fortsetzen und läßt sich nicht abweisen. Wer soll Reuter ins Gewissen reden, wenn nicht ein wahrer Freund?

Freyburg, 19. Juni 1865, Mein lieber Freund! ... ich habe die trübste Erinnerung aus Eisenach mitgebracht. Bedarf es noch der Schilderung dessen, wovon ich Augenzeuge war? ... Es ist herzzerreißend zu sehen, wie eine reiche Dichternatur sich selbst zerstört, indem sie den rohen Trieb an die Stelle der sittlichen Gewalt treten läßt ... Glaubst Du, nur Dir selbst Rechenschaft schuldig zu sein vor Deinen Handlungen und jede Einmischung in Deine Angelegenheiten als eine unberufene abweisen zu dürfen? – Freilich, Deine Eltern sind todt, Du hast keine Kinder – aber stehst Du darum allein, nur auf Dich angewiesen? – Du am Wenigsten! Zeige mir doch den Mann, der einen größeren Kreis von Angehörigen hätte, als gerade Du. Du hast eine vortreffliche Frau, die Jeder verehrt, der sie kennt; Du hast einen Freundeskreis, welcher Dir die wärmste Zuneigung entgegenbringt; Du hast viele Tausende Deiner deutschen Landsleute, die stolz darauf sind, Dich den Ihrigen zu nennen ...

Was mich zu so herbem Wort berechtigt? Die Freundschaft. Du hast das Recht, sie mir aufzusagen. Dann tröstet mich das Bewußtsein einer erfüllten Pflicht, welche mich zwang, Dir keine Wahrheit vorzuenthalten; denn das weiß Gott, eine Freude ist es nicht, also mit einem Mann zu reden, den man im Herzen trägt ...

Reuter nimmt den Brief schweigend zur Kenntnis, lange mit sich ringend, auf die schweren Vorwürfe zu antworten. Natürlich weiß er, daß der Freund recht hat, doch er kann den Dämon nicht bezwingen.

Für Luise mehren sich die Pflichten. Der Mann, der sie oft so verstimmt, weil er sich immer wieder zum Alkohol verführen läßt, nicht zuletzt bei seinen Hof-Besuchen auf der Wartburg, die vielen Besuche, von denen der des warmherzigen Geheimrats Böcking ihr einer der liebsten ist, die Pflege von Verwundeten, das Sammeln von Geldern mit Reuters akribischer Buchführung. Dann ist auch noch Hofmaler Theodor Schloepke zu ertragen, der im Auftrag des Schweriner Großherzogs Reuters Brustbild anzufertigen hat. Doch wenigstens wohnt er im Hotel, nicht bei Reuters zu Hause.

Der Plan für den Hausbau macht Fortschritte, kein geringerer als der berühmte Architekt Bohnstädt aus Gotha zeichnet den Riß für das Haus. Es wird ein Prachtbau werden. Eine Villa. Reuter will es so: *... Schlecht will ich nicht bauen, es soll nicht heißen, daß ich ein liederlich Gebäude nach meinem Tode in der Welt zurückgelassen habe, kleiner auch nicht, ich will nicht wieder in solchem kleinen Kasten mich halbtot räuchern ...*[50]

Ab und zu kommen Nachrichten von den Geschwistern aus Übersee, Schwester Caroline aus Amerika hat ihr ein Foto der Tochter Helen geschickt. Helen ist das Patenkind von Luise, schon acht Jahre alt. Sie hat das zauberhafte Mädchen mit dem reizenden Gesichtchen nie in den Arm genommen. Ach, könnte sie es einmal ans Herz drücken!

Weihnachten 66: Meine liebe Marie ... Ihr habt Manches über uns erfahren, nur nicht das, was die Ursache unseres langen Schweigens gewesen. Es hat gar nicht so schön mit uns gestanden, wenn er gleich die Pausen mit Hof-Gehen (dreimal in Zeit von 10 Tagen) und wer weiß womit noch ausgefüllt. Ich habe 4-6 Wochen hindurch einen so heftigen Kitzelhusten gehabt, daß ich abends fieberte ... Du kennst meine zähe leichtfertige Natur im Abschütteln, aber ich war doch über Reuters Unwohlsein innerlich so verstimmt, daß ich das

Fritz Reuter. Gemälde von Theodor Schloepke, offenbar kleinere Anlage zu dem berühmten Gemälde von 1866. Öl auf Pappe. Im Besitz des Fritz-Reuter-Literaturmuseums.

Schreiben scheute. – Aber es geht zum Fest der Freude für Jedermann, und da soll man sein Gemüth frei machen von Sorgen, Freunde nicht mitverstimmen … Reuters Portrait ist dem Schlöpke ganz wunderbar gelungen … Am Weihnachtsabend im Kreise der Deinen in mütter- und großmütterlicher Würde, denk einmal hinüber, da begegnen sich unsere Gedanken …

Ein stiller Winter diesmal, keine Gäste, Reuter so oft krank. Vor Ostern 1867 fährt Reuter wieder in eine Wasserheilanstalt; diesmal wählt er Bad Liebenstein nahe Eisenach. Luise ist beruhigt, denn er wohnt im Haus des Doktors, dem sie vertraut, und kann ohne größeren Aufwand öfters zu ihm fahren. *Lieber Gott,* seufzt sie, *was macht einem ein Mensch für Sorge! Und doch ist dieser Eine im Laufe der Zeit mir eins und alles geworden, je länger, je lieber! Die Achse, um die sich mein Leben dreht. Ich fühle mich federleicht, wenn's ihm wohl geht …* Sie bleibt aber in Eisenach, um den voranschreitenden Hausbau zu beaufsichtigen.

Liebe Louise, Am Ende muß ich, schreibfaules Geschöpf, doch noch zuerst schreiben, denn Dein mir verheißener Brief ist gestern nicht angekommen, nun er kommt wohl heute. – Ich fühle mich hier gar zu einsam … Die erste Nacht habe ich sehr schlecht geschlafen, da ich von Durchfall heimgesucht wurde, diese Nacht war besser. Zweimal habe ich nun schon die Abreibung genommen und heute nachmittag wird mit dem Sitzbad begonnen; bin auch heute schon mit nüchternem Magen auf das alte Schloß spaziert … Das Bett und das Essen sind gut, vielleicht noch besser, wie in der Laubbach, doch horch an't En'n, seggt Kotelmann … Nun lebe wohl, mein liebes Wiesing, ich freue mich darauf, Dich wieder hier bei mir zu sehn. Mit Gruß und Kuß Dein Fritz Reuter, Lieb. d 11. April 67

Wie ein gehetztes Reh fühlt sich Luise manchmal. Hin und her, dazu die Aufträge ihres Mannes für Bau und Garten. Sie muß den Bauleuten Reuters Anordnungen überbringen, aber schwer ist das schon, so als Weib dazwischen. Die Sträucher soll sie hart an die Hecke pflanzen, den Baumeister Kleinicke gewähren lassen, aber dem Gärtner Schwabe Dampf machen, daß er ihnen die ersten Pflanzen liefert. Die Saat-Kartoffeln müssen gelegt werden, dazu noch die Korrespondenz, die Reuter ihr aufträgt. Luise ist stark in Anspruch genommen.

Wieder zu Hause, arbeitet Reuter leidlich fleißig an seiner „Reis' nah Konstantinopel", die Unterbrechungen durch sein „Unwohlsein" werden häufiger.

Luise und Reuter erhalten eine Einladung zu dem großen Fest anläßlich des 800jährigen Bestehens der Wartburg. Jeder wird gebeten, Hausgäste aufzunehmen, die Gasthäuser reichen nicht aus. Luise *bekommt zwei Cellisten.* Schwärmerisch berichtet sie ihrer Freundin von der Aufführung des Oratoriums „Legende von der heiligen Elisabeth", dirigiert vom Komponisten Franz Liszt selbst. … *Ich kann begreifen, was seine Seele empfunden haben muß – er sah darnach aus! Es ist doch etwas Großes um eine solche Schöpferkraft. Die himmlische Musik! …* Gleich am nächsten Morgen geht sie zur Wiederholung des Oratoriums, *um den Eindruck zu verschärfen.*

Im September 1867 ereignet sich Dramatisches in ihrer Wohnung. Der frühere Festungsgefangene Schramm, inzwischen Prediger in Amerika, erscheint unangemeldet bei ihr. Reuter hat in seinem Buch „Ut mine Festungstid" Schr. als einen Denunzianten bezeichnet, der sich „leiw Kind maken" wollte. Luise empfängt ihn gezwungenermaßen, denn Reuter liegt „krank". Schramm verlangt, daß Reuter das über ihn Gesagte zurücknimmt, seine hohe Stellung sei beschädigt worden. Die ganze Erregung des Disputes schreibt sie sich am Abend von der Seele. Die Hilferufe gehen an den Gerichtsrat Wachsmuth in Krossen und an Grashof in Lübeck, die Reuter im Notfall beistehen können.

Eisenach, 9. Sept. Lieber Herr Grashof, Eben ist „Schramm" fortgegangen. Mir brennt das Gesicht … Er kam gleißnerisch, schwulstig, mich anwiedernd – Reuter sei nicht bös, erzähle ja ganz niedlich, nur die Festungstid sei zu kläglich, werth-

los nach Aller Urtheil, ohne Bedeutung, bei einem Glase Wein hätte er gedacht, Reuter zum Widerrufen des über ihn Gesagten zu bewegen (es fing an in mir zu kochen) seine eigne hohe Stellung im Leben, überall hier (wie drüben in Amerika!) von Ehren und Huldigungen umgeben, ... müsse er darauf bestehen, daß Reuter öffentlich erkläre, ihn verleumdet zu haben. Ich sprang auf. Genau weiß ich nicht, was ich erwiederte, aber ich glühte ... Reuter kann und wird nicht widerrufen, er hat nicht verleumdet ... Auf seiner Seite ständen 50 empörte Freunde. Auf unserer 4 Männer. Ob ich denen mehr traute als ihm. Ja, ich kennte sie. Er sei Pastor. Ich eines Pastors Tochter ... Er werde die Sache vor die Öffentlichkeit bringen ... Anfangs blieb ich noch ruhig, bat sogar: „lassen Sie die Sache auf sich beruhn ...“ Ich habe meinen Reuter vertheidigt wie eine Löwin ihre Jungen, welche Frau hätte es nicht gethan? ... Ich weiß, Sie sind meines Reuters Freunde – wenn es zu einem öffentlichen Angriff kommen sollte, wie er drohte. Er kann im schlimmsten Fall Reuters unglückliche Krankheit vor die Öffentlichkeit bringen und uns sehr weh thun, aber keiner Unredlichkeit wird er ihn zeihen können – unser Unglück stürzte Niemanden ins Verderben, und mein gerader, ehrlicher Reuter verleumdete nicht ... Wie freundlich trat er ein, und wie drohend entfernte er sich. Amerikanischer Methodistenprediger aus den Regulatoren am Arcansas von Gerstäcker – mir graut! ... Bitte antworten Sie mir bald einige Worte ... ich werde doch Reuter nicht geschadet haben in meinem Eifer, ihm zu dienen? Aber nein, nein. Denken Sie, der Elende wagte mir beim Abschied zu sagen, Reuter hätte ihn todt geglaubt, und deshalb nach 25 Jahren seine Galle und Verleumdung an einem Todten ausgelassen. Ich machte ihm die Thür vor der Nase zu und ließ ihn im Dunkeln die Treppe suchen. War nicht seine anfängliche Freundlichkeit Gleißnerei? Der Doris hatte er zugerufen, sie möge doch leuchten, die Frau Doctor ließe ihn im Dunkeln stehen. Ihre Luise Reuter [51]

Grashof kann Reuter nicht mehr beistehen, er stirbt noch in demselben Monat. Mit Herzlichkeit und Taktgefühl versucht Luise, der Witwe Bertha Trost zu spenden.

Auch ein Todesfall in Eisenach betrübt die Familie Reuter. Die alte herrliche Frau Professor Grimm ist gestorben. Sie wird in Eisenach beigesetzt, Luise und Fritz nehmen an dem Trauerzug teil. Luise pflegt hin und wieder das Grab der Verstorbenen.

Weihnachten naht. Der Schweriner Baurat Demmler und die Reuters haben sich für den gemeinsamen Freund Reinhard in Coburg ein besonderes Geschenk ausgedacht. Sie wollen dem alten Junggesellen ein großes bequemes „Lotterbett“ anfertigen lassen, das seiner Länge entspricht. Luise übernimmt die Organisation des Vorhabens. Es ist wohl praktischer, das Möbel hier in Eisenach anfertigen zu lassen, denn Coburg ist ja nicht weit, der Transport also billiger. Demmler willigt ein und wird die Hälfte der Kosten dazu beitragen. Alles scheint schon völlig in der Reihe; Reuter hat den großen Diwan zur Zufriedenheit ausprobiert, der wird zur Bahn geschafft, um zum Julklapp dem lieben Reinhard eine rechte Freude zu machen. Da verlangt Reuter in seiner penetranten Ordnungssucht in Geldangelegenheiten, Demmler müsse die Belege prüfen, die Abrechnung müsse ganz perfekt stimmen, denn Luise sei ihm nicht genau genug. Demmler spottet: *Verehrte Frau ... Wenn preußische oder andere constitutionelle Minister bei der Etat-Vorlage und Rechnungsablegung über die Staats-Einnahmen u. Ausgaben so gewissenhaft wären, wie ein Dr. Fritz Reuter in Eisenach, so würde es besser stehen um die Staatsfinanzen ... daß aber dieser Herr Dr. Fritz Reuter sich auch in Rechnungsverhältnisse einmischt, die ihn eigentlich gar nichts angehen ... ist mindestens nicht demokratisch und beschränkt oder beeinträchtigt die Selbstbestimmung. Diese Autorität hat nach Ihrem verehrten Briefe Ihr Herr Gemahl auf unsere privative Angelegenheit ausgedehnt, denn wir beide haben uns zu einer Association in Angelegenheit einer Weihnachtsfreude für Ludwig Reinhard verbunden und was wir in dieser Hinsicht rücksichtlich einer Rechnungsablage zwischen uns ausmachen, ist lediglich unsere Sache. – Indessen Sie haben in den letzten Tagen des alten Jahres Ihrem Gebieter nachgegeben, und das mag auch seine historische Berechtigung haben ... Ein frohes Weihnachtsfest und ein glückliches Jahr 1868 von Herzen Ihnen und Reuter wünschend von Ihrem Sie verehrenden G. A. Demmler* [52]

An diesem Weihnachtsfest erhält Reuter von Luise Handarbeitszeug zu einer Schlummerrolle für das neue Haus. Dazu die *schöne Verheißung:*

Stuhlkissen im Reuter-Wagner-Museum in Eisenach. Handarbeit in Kreuzstich-Technik von Luise Reuter.

Gedulde Dich fein,
Über's Jahr mit dem neuen Haus
Werde ich auch fertig sein.
Der Reihenfolge nach der zweite poetische Versuch von Luise Reuter [53]

Der Hausbau nähert sich der Vollendung. Luises Ehrgeiz, die Inneneinrichtung so schön wie nur möglich zu machen, verleitet Reuter zum stolzen Wehklagen:
... Was sie ist, ist auf Möbelexpedition nach Meiningen, dann noch Polsterwaare, Vorhänge, Teppiche und vieles und alles; in diesem Augenblick wütet sie auf meinen Geldbeutel ein, oh, min arm Baukfink! [54]

Reuter macht wieder einmal Spaß auf Luises Kosten. Ist er so bescheiden? Hat er sie nicht selbst aufgefordert, sich die Inneneinrichtung des neuen Hotels in Bad Liebenstein zu besehen? Die prachtvollen Pariser Tapeten, das schöne Mobiliar? Eigentlich will er den Freunden mit diesen Redensarten nur mitteilen, was alles er sich leisten kann. Aber das muß natürlich dichterisch verpackt werden, und Luise eignet sich so recht als Material.

Am 1. April 1868 beziehen Fritz und Luise die Villa Reuter. Sie ist schön geworden, innen wie außen. Und schon melden sich Gäste an, die neugierigen, die neidischen und die Freunde, die sich mit den Reuters freuen wollen. Die beiden unverheirateten Schwestern von Luise, Emma und Sophie sind aus Wismar angereist und wohnen längere Zeit bei ihnen. Sophie kränkelt sehr, Luise hätte nichts dagegen, sie für immer hier aufzunehmen, doch sie kann ihr *hier keinen bestimmten Wirkungskreis bieten, ohne den nun einmal ein Mensch nicht glücklich sein kann.* Sophie würde Einblick haben in das Familienleben, unerträglicher Gedanke, würde Luises Position nie verstehen, diesen in immer kürzeren Abständen notwendigen Kampf

Die historische Postkarte zeigt die Reuter-Villa. Im Vordergrund noch die Parkanlage, die später Kleingärten weichen mußte.

gegen den Alkoholmißbrauch ihres Mannes. Reuter will keinen dritten zwischen sich und Luise; die Schwestern fahren wieder ab.

Vorerst muß sich Marie, die im Sommer nicht abkömmlich ist, mit einer Beschreibung begnügen: *Liebe Marie ... An Besuchen fehlt's uns leider nicht, ertappe mich oft auf dem sündlichen Wunsch, das schreckliche Geschlecht der „Verehrerinnen" möge vom Erdball verschwinden ... Diesen Fürchterlichen sollte man Fußangeln legen; Warnungstafeln helfen nicht mehr bei Klasse I, die ins Haus dringen. Klasse II begnügen sich, das Haus zu umkreisen ... in einigen Tagen können wir hoffentlich sagen: „So, nun ist unsere Villa fertig!" Das muß ein schönes Gefühl sein. ... Diese meine ländlichen Hände, die dies hinschreiben, haben die Hände derjenigen Person berührt, deren höchsteigener hoher Mund den Ausspruch gethan, daß Bau der Villa und Gartenanlage mit sinnigem Geschmack ausgeführt wären. Merke Dir das gütigst, liebe Marie, der Großherzog hat's gesagt, als er uns vor einigen Morgen von der Wartburg aus einen Besuch im Garten machte, 8 Uhr früh. Nächstens erwarten wir die hohe Visite fürs Haus. Herr Je, wenn dann nur Alles in Ordnung wäre! ... Vielleicht hörst Du noch: Speisezimmer mit Holztapete, Eichen-Stühle und -Tische. Reuters Zimmer und Bibliothek grün, alte und neue Möbel. – Salon grau mit Gold, grüngestreifte Meuble-Bezüge, Mahagoni. Luises Boudoir: Capucinerbraun (Sammt) Nußbaum mit grünem Plüsch. Schlafzimmer graulich zusammengebrachte Meubles, dito oben. Flur: Stuckwände. Loggia pompejanisch bemalt.*

Als der Großherzog bei den Reuters zu Gast ist, schwärmt Luise lang und ausführ-

Zeitgenössische Photographie der Villa Reuter. Mit handschriftlichem Zusatz von Fritz Reuter an einen Freund gesandt, beredter Ausdruck für Stolz und Freude Reuters über seinen selbsterrungenen Wohlstand. Im Besitz des Fritz-Reuter-Literaturmuseums.

lich von dem Besuch und läßt bei der Gelegenheit noch einmal Reuters Neubrandenburger Schwierigkeiten Revue passieren.

Eisenach, d. 21. Mai [1869] O, liebe Marie! Wenn ich nur Königin-Mutter Ahlers wäre, was würde ich da drehn, den allereffektvollsten Thee könnte ich geben, und wenn ich dann auch noch eine Tochter hätte, – o, welche Zukunftspläne würden mein Gehirn durchwirbeln! So aber ist es ein rechtes Glück, daß ich das nicht bin, da ich nicht achtzehn Jahre alt und mich nur in einer stillen gemessenen Freude zeige, aber innerlich jubelnd … Nun sag' mir mal, glaube aber nicht, daß es bei mir rappelt, wem, denkst Du, gebührt die Ehre, am tiefsten geknixt zu haben? Tante Peters-Rostock in der Ecke des lieben alten Thalberger Saales, ihre Elise unterweisend? oder Frau Zeschmer, als sie janz Teppich in ihrer Hausthür die Vorüberfahrt der höchsten Herrschaften begrüßte? oder Tanten Knorr zu eben jener Zeit, wo Fritz Reuter und Frau ihrer Gesinnung wegen vom hohen Neubrandenburger Magistrat fast allein zu mißliebig galten, um zu dem glänzenden Feste mit eingeladen zu werden, wo zwei sonst recht hochnasige Da-

men sich zum Kuß des fürstlichen Gewandes erniedrigten, spaßhaft, wenn man daran zurückdenkt! – also – wo Tanten Knorr hinter der halboffenen Thür von dem alten Fräulein von Oertzen ... zum Knix vorbereitet wurde ... oder Lowise Reuter, als sie S.K.H. den Großherzog Carl Alexander oben an der Treppe (Villa Reuter) empfangen? – Was denkst Du wohl, wem gebührt der Preis? ...

Gewiß, Luise sonnt sich in der hohen Gesellschaft. Wie ihr Mann. Befriedigt Reuter etwa nicht die große Huld und Gnade, die ihm vom Nachbarn Großherzog zuteil wird? Ist nicht das tiefe Verbeugen vor hohen Titeln und Persönlichkeiten, vor Namen gar, eine recht übliche Erscheinung, immer schon und immer wieder? Übrigens kann man mit dem Großherzog gut reden – ein kunstsinniger und gebildeter Mann.

DR. FRITZ REUTER. MORGENS NICHT ZU SPRECHEN.

... Aus dem armen Schlucker, den Du früher kanntest und der über wenig Groschen verfügen konnte, ist ein wohlhabender Mann geworden. – Wenn ich diesen Notizen ... noch hinzufüge, daß ich mich recht stümperig auf den Beinen fühle, daß mich ein arger Rheumatismus in den Händen und Armen plagt, so weißt Du ziemlich alles, was mich angeht ... [55]

Der Hausstand erfordert mehr Arbeit. Das Personal wird zahlreicher. Neben Doris, der Haushälterin, gibt es jetzt noch den Gärtner Möller. Dazu haben sich zwei vierbeinige Hausgenossen gesellt, der kleine Pinscher Joli und der große schwarze Stephan. *Wie schnell man sich an diese treuen Seelen gewöhnen kann!*

Reuter arbeitet und kommandiert den ganzen Tag im Garten. Er ist prächtig anzusehen. Die Hoffnung, daß diese Beschäftigung seiner Gesundheit dienen möge, hat also nicht getrogen. Vinckes, die lieben Freunde, haben ein durch Frau von Vincke prachtvoll ausgestattetes Hausbuch geschickt, es obliegt Luise, die Gäste ihre Anwesenheit darin bezeugen zu lassen. Nur die angenehmen natürlich. Die Störenfriede versucht sie schnell abzuwimmeln. Das Schild an der Haustür „Dr. Fritz Reuter. Morgens nicht zu sprechen." tut ja wenigstens noch einige Wirkung.

Fritz entschließt sich, den Winter in Bad Stuer in Mecklenburg zu verbringen, zurückgezogen in aller Stille, um danach wieder einmal bei den Freunden in Pommern zu Gast zu sein. Einen Tag vor seiner Abreise, am 7. Dezember 1868, verfaßt er sein letztes Testament, in dem er Luise zur Alleinerbin einsetzt, ihr aber auferlegt, ihrerseits testamentarisch seiner Schwester Sophie 10 600 Taler zu vermachen. Dabei ist er sich nicht sicher, ob er 5300 Taler aus dem Testament seines Vaters wirklich bekommen hat oder nur die Zinsen. Falls er sie nicht bekommen hat und diese Summe ohnehin bei Sophie geblieben ist, hat Luise der Schwester nur 5300 Taler zu hinterlassen. Eine gerichtliche Beschlagnahme seines Vermögens nach seinem Tod verbietet er ausdrücklich. Luise muß ungestört ihr Erbe antreten können, und mit ihrem Tod soll später nicht nur alle Schuld getilgt sein, sondern auch die ihm vom Vater einst ausgesetzte Erbschaft doppelt zurückgezahlt werden.

Luise bereitet das Weihnachtsfest ganz allein vor, einsam in der Villa, voller Sorge um ihren Mann, bevor sie von ihm Nachrichten über die Besserung seines

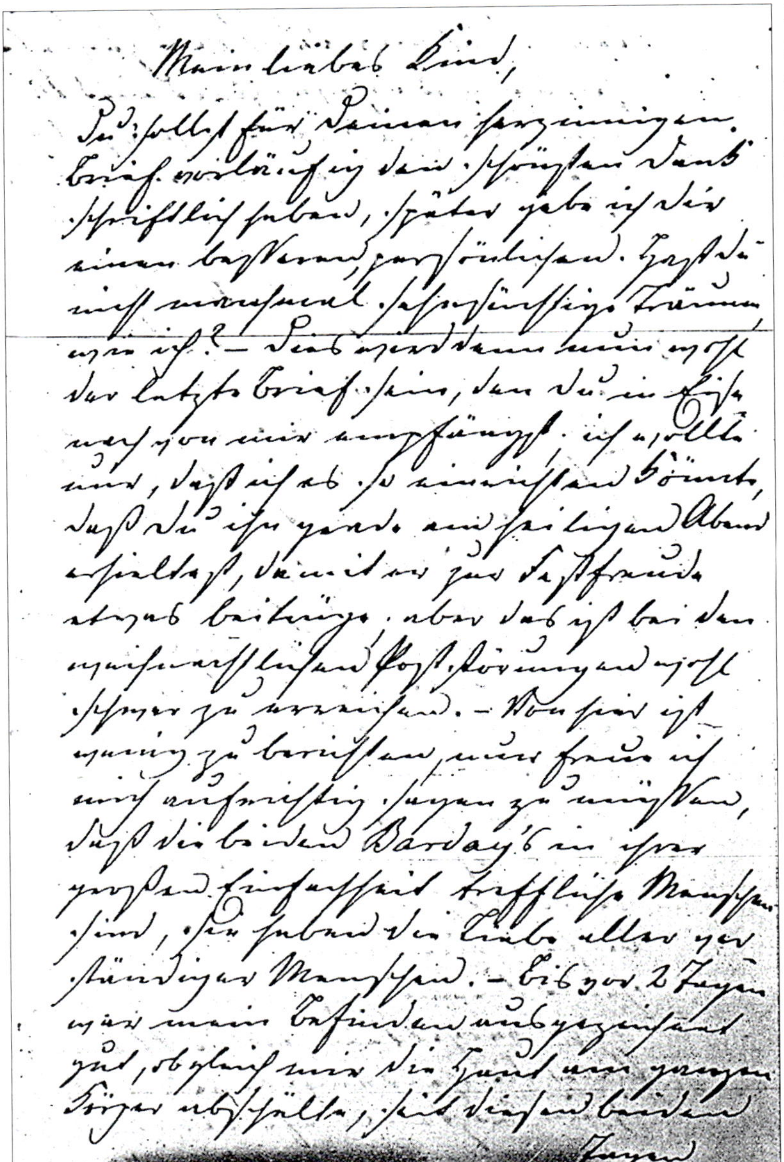

Reuter an Luise vom 22.12.1868 aus Bad Stuer: „Mein liebes Kind, Du sollst für Deinen herzinnigen Brief vorläufig den schönsten Dank schriftlich haben, später gebe ich Dir einen besseren, persönlichen. Hast Du nicht manchmal sehnsüchtige Träume, wie ich? …“

Gesundheitszustandes erhält und eine genaue, fürsorgliche Beschreibung des Weges nach Bad Stuer. Anfang Januar weilt sie bei ihm, voll Dankbarkeit, daß es ihm besser geht. Fritz ist ganz der alte, wie früher, Luise sieht das graue Haar gar nicht mehr vor dem frischen vollen Gesicht, er singt und tanzt, die klösterliche Einsamkeit hat ihm so wohl getan. Doch auch hierher verfolgen ihn die Wünsche, die Bitten von Fremden und Verwandten, und Luise kann ihn nicht schützen:

… Die furchtbaren Menschen mit ihrer verderbenbringenden Liebe! sie nahen schon wieder. Sophie in Stavenhagen „stirbt vor Sehnsucht“ nach dem treuen Gesicht des

Bruders, „Lorchen in Kleeth" schmachtet, ihren Onkel zu bewirthen – dann Neubrandenburg – was mir das Sorge macht ...

Auf der Rückreise von Pommern machen sie noch einmal Station in Berlin, die Berliner Freundschaften zu pflegen. Luise hat wieder ihre Kopfschmerzen und bleibt im Hotel, während Fritz mit der Equipage zum Hofgartendirektor Jühlke nach Potsdam geholt wird. Fritz ist entzückt von dessen Haus, und Luise bedauert, es nicht gesehen zu haben. Enttäuscht äußert sie sich dagegen über die nun in Berlin lebenden Schmidt's: ... *Beide waren Freunde wie immer, aber ihr Leben sagt mir nicht zu – Beide allabendlich in der Kneipe, keine Häuslichkeit und die kleine Frau ohne alle Fürsorglichkeit ...*

Sie sind wieder zu Hause in Eisenach, wo die Reuter-Verehrung weiter ihre bizarren Blüten treibt. Die Eisenacher Liedertafel, Feuerwehr und Turnverein geben den Zurückgekehrten ein Ständchen, Luise zählt fast hundert Lampions, die an ihrem Haus vorbeigetragen werden, und Reuter dankt den freundlichen Eisenachern durchs offene Fenster.

Mit der Arbeit geht es nicht voran. Schon bald mehren sich wieder die Schreckenstage in Reuters Krankheit, so geht er von Anfang Juli bis August 1869 noch einmal nach Elgersburg bei Ilmenau. *Es ging dort wie überall,* klagt Luise, *die Huldigungen verdarben alles.*

Der Wohlstand, in dem Luise und Fritz nun leben, hat auch weniger angenehme Seiten. Immer mehr Bettelbriefe erreichen die Villa. Ein völlig unbekannter Mann bittet um die Mittel zu einer Badereise, ein nervenkranker Doktor um Sommeraufenthalt in der gastfreien Villa Reuter oder 300 Taler, Bekannte möchten Geld-

Fritz und Luise Reuter, die Eisenacher Villa und die Grabstelle. Historische Postkarte, herausgegeben von C. Jagemann, Eisenach.

anleihen. Schwer können sie sich den Wünschen entziehen, doch Reuter lehnt im Jahr 1870 sogar Fritz Peters ein größeres Darlehen ab. Luise und Fritz wollen haushalten mit dem Geld und den wohltätigen Zweck ihrer Spenden selbst bestimmen. Luise widmet sich der Errichtung des Bach-Denkmals in Eisenach. Mit Charme und Witz schreibt sie an den alten Neubrandenburger Bekannten, den inzwischen in Güstrow tätigen Komponisten Johannes Schondorff, sich lebhaft erinnernd an dessen heitere Spötteleien über Reuters Musikverständnis: *Mein verehrter Herr Schondorf ... Möchten Sie nicht zum Besten des hier zu errichtenden Bach-Denkmals ein Koncert veranstalten? Die Erklärung, wie ich zu dieser Bitte veranlaßt bin ist, daß Reuter – lachen Sie nicht – schon vor einem Jahre hier als Comitté-Mitglied dieses Vereins erwählt worden; weshalb, ist mir selbst so wenig klar, wie ihm selbst, daß es doch aber zu irgend einem Zweck geschehen ist, leuchtet mir nun mehr ein als Reuter, der trotz seiner Behauptung, durch Gerlach – Friedland einmal in das Geheimnis der „verdeckten Quinten" eingeweiht zu sein, sich entschieden als passives Bach-Mitglied betrachtet und mir täglich wiederholt: „Was Einer dabei thun solle." Er zahle und damit gut. Nun ist's mir aber sehr „scharnierlich", ... die Frage zu hören, Mecklenburg interessiere sich wohl garnicht für Musik?, daß ich mir ein Herz faßte, Ihnen meine Bitte vorzutragen, lieber Herr Schondorf. Reuter weiß nichts davon. Wie herrlich aber, wenn er durch Erfüllung meines Gesuchs überführt würde, daß Einer doch dabei etwas thun konnte ...*[56]

Öffentliches Befremden, ja, Entrüstung beschwört Reuter herauf, als er sich am 3. September 1870 bei einer Abendgesellschaft zu Ehren Karl Wilhelms, des Komponisten der „Wacht am Rhein", angetrieben durch seine großen nationalen Gefühle wie wohl auch durch den Alkohol, zur Beschimpfung Heinrich Heines als „elenden Judenbengel" hinreißen läßt. Ein jüdischer Gast dieser Gesellschaft stellt ihn in einem offenen Brief zur Rede, nicht ohne einen scharfen Seitenhieb auf den *Zustand, der bei Ihnen jetzt nicht mehr auffällt*[57]. Zeitungen des In- und Auslandes kommentieren noch lange danach den Zwischenfall. Hinstorff ist verärgert, fragt nach. Luise – sie erledigt inzwischen einen wesentlichen Teil der Geschäftskorrespondenz mit dem Wismarer Verleger – verteidigt und beschwichtigt: *Geehrter Herr Hinstorff ... Wegen der argen Judenangelegenheit, die hier längst in Vergessenheit gerathen, überhaupt kaum beachtet wurde ... auch ein letztes Wort ... Die hiesigen Israeliten verdoppeln ihre Freundlichkeit gegen Reuter, gebildete Hamburger Juden haben mündlich und schriftlich ihre Entrüstung über den Angriff gegen Reuter ausgesprochen. Eine öffentliche Erwiederung würde die Sache damals entschieden nicht verbessert haben ... und wenn der „Lebensweise" zu tadeln wäre, wer ist der, dem das Recht zuständе, ein öffentliches Urtheil abzugeben? ... Das Eisenacher Publicum hat aus eignem Instinkt Gerechtigkeit geübt: Reuter bekam ein Ständchen mit herzlichem Lebehoch für das, was er um Deutschland gelitten ...*[58]

Wie überall greift der deutsch-französische Krieg auch in das Eisenacher und in ihr persönliches Leben ein. Die Militärtransporte führen dicht an ihrem Haus vorbei, ständig kommen neue Nachrichten über Schlachten, Siege und Niederlagen. Luise unterstützt, wo sie kann, bereitet die obere Etage ihres Hauses vor, um Verwundete aufzunehmen, hilft bei der Verpflegung durchreisender Soldaten, stellt Kleiderspenden zusammen und sammelt Geld für den durch seine Verwundung erblindeten Mecklenburger Soldaten Johann Jenzen. Den Aufruf zu dieser Sammlung verfaßt Reuter, die Veröffentlichung besorgt Hinstorff. Der Erfolg sind 290 Taler, die dem jungen Mann wohl helfen werden, eine neue Existenz aufzubauen. Luise übernimmt die Sicht auf den Krieg und die kämpfenden Seiten von ihrem Mann, sie verachtet die Franzosen, die Feinde, doch stärker noch erfüllt sie ein großes weibliches Mitgefühl: ... *Ach, man denkt und thut ja nichts Anderes als Gemeinnütziges, so einen kleinen Tribut der Dankbarkeit zu zahlen für die, die Leben und Blut für uns hingeben müssen, ach, und ihre gesunden frischen Glieder! O, wieviel Elend bringen diese Siege! Wie viel Thränen! Wie viel einzige Söhne fallen, wie viele Eltern beweinen mehrere, Trauer und Thränen überall!* ...

Im Gasthaus „Zum Goldenen Löwen" ist der verwundete Oberst Conrady nebst Familie und seinem Burschen untergebracht. Luise versorgt ihn mit Lebensmitteln. Da der Bursche aus Mecklenburg stammt, bittet ihn der fast allabendlich dort sitzende Reuter an seinen Tisch. Er berichtet später: ... *Fritz Reuter hatte einen kleinen Teckel, der so abgerichtet war, daß, wenn es dem Dichter abends nicht mehr möglich war, allein nach Hause zu gehen, der Teckel auf einen Wink nach der Villa rannte und dort so lange bellte, bis einer, gewöhnlich der Gärtner, sich aufmachte, um den Dichter abzuholen. – Oft mußte ich mit dem kleinen Walther von Conrady nach der Villa Reuter. Während sich dann Frau Reuter, eine überaus liebevolle Dame, mit dem Kleinen beschäftigte, nahm Reuter mich mit in sein Zimmer, bei welcher Gelegenheit er mir auch von seinen Gedichten gab, die mir leider alle im Laufe der Jahre abhanden gekommen sind. Nur noch eine Strophe habe ich behalten, ich weiß nicht, ob sie in seinen Gedichten zu finden ist, sie lautet: „Jehann Jochen häst nich rogen hürt? Kumm rut us oll Herr König wir't de rogt us all to Krieg und Striet, den Franzmann will'n wi drang to Liew."* ...[59]

Der Verleger Franz Lipperheide bittet für seine „Lieder zu Schutz und Trutz" die berühmten Schriftsteller um Beiträge. Reuter sagt zu, und Luise schreibt begeistert an Hinstorff: *Palmsonntag [1871] ... Reuter hat zum Besten der Verwundeten et für „Schutz- und Trutz-" Lieder – Lipperheide eine rührend schöne Dichtung geschickt – mich dünkt, sie ist unübertroffen, so nach Lipperheide's Urtheil – ich schicke Ihnen ein Exemplar – man kann's nicht ohne Thränen lesen. Denken Sie unsere reine Freude: Lipperheide schreibt, daß von Reuters „Gaw för Dütschland" über 2000 Separat Hefte verkauft sind. Das Heft kostete ja wohl 10 sg? eine hübsche Gabe! – Haben Sie auch den herzlichen Dank für Ihre Bemühung für Jenzen. Wir grüßen freundlichst. Luise Reuter – Ein Exemplar geben Sie wohl gütigst meiner Schwester Emma nebst Brief. – Beigehend noch die verzeichneten letzten Liebesgaben, die Sie gütigst veröffentlichen wollen* ...[60]

Ende des Jahres 1871 erhält Luise für ihre unermüdlichen Pflegearbeiten das „Ehrenzeichen für rühmliche Tätigkeit während des Krieges" ... *Die Auszeichnung theilen ja mit Recht Tausende mit mir, aber gefreut habe ich mich sehr. Reuter freute sich auch ... Ferner sagte er noch, er wolle an Frau Peters melden, daß die Reuterin sich nun in eine Ritterin verpuppt, die ihr Kreuz statt im Stillen nun öffentlich trage. Ach, wenn das erstere dadurch schwinden möchte* ...

Luises Schwester Sophie in Wismar ist Ende 1870 gestorben und hinterläßt Luise und dem Bruder Wilhelm eine kleine Summe. Beide überweisen das Geld mit der

Fritz Reuter mit seinem Hund Joli. Ölgemälde, 1915, von Johann Friedrich, Mitglied des Reutervereins Duisburg, nach der Photographie von Reuter. Im Besitz des Fritz-Reuter-Literaturmuseums.

Hilfe Hinstorffs an den Bruder Friedrich, der in Quito, Ekuador, lebt.

Über die Familie Kuntze bricht allerorten das Unglück herein. Wilhelm, der Bruder in Schwerin, spekuliert mit Aktien und ruiniert sich. Heinrich, der älteste Bruder, der Theologe, ist in Australien Gastwirt geworden, sein Gasthaus brennt Anfang 1873 nieder; eine vernichtete Existenz mit Frau und drei Kindern.

Luises Gedanken aber sind jetzt vor allem beherrscht von Sorge um ihren Mann, dessen Zustand sich erschreckend verschlechtert. Nur noch wenige gesunde Tage zwischen den Krankheitsanfällen, Luise ist ständig an seinem Bett. Die Wirtschaft unten muß von den Angestellten irgendwie in Ordnung gehalten werden. Luise reißt sich nur für ein paar Augenblicke von der Pflege los, wenn ihr Mann – selten genug – ruhig schläft.

25. August [1872]: ... wenn man doch lernen wollte, mit Ergebung zu tragen, was einmal nicht zu ändern ...;

24. Juli 1873: Meine liebe Marie ... wir beide zusammen verlassen die Villa Reuter nicht mehr! ... ach, unsere guten Zeiten rechnen jetzt nach Stunden ...

Eisenach, 2. August [1873]: Meine liebe Marie, ... wir haben nur wenig gesunde Tage mehr, ... das bischen gute Zeit wird von anderen geraubt ...

In dieser leidvollen Situation wird sie unangemeldet von Fritz' Halbschwester Sophie Reuter und deren 23jähriger Tochter Ida besucht. Sophie hat im Gasthaus Rautenkranz nachfragen lassen, ob Fritz in Eisenach sei. Luise sieht sich überrumpelt. Sie findet kaum Zeit für die beiden ungebetenen Gäste, nur einmal begleitet sie sie auf die Wartburg, unruhig, wie es ihrem Fritz jetzt gehen mag. ... *immer ließ sie durchblicken, wie wenig Ida in Stavenhagen hätte, und wie sie ihr gönnte, hier zu leben (wohl als Universalerbin) ach, Marie, Marie! Ich glaube, es trieb sie her, zu sehn, was sie wohl bald zu erwarten? Eine Einsicht in unsere Verhältnisse zu gelangen, nahm sie mehrmals Anlauf ...*

FRITZ REUTERS TOD

Der Anfang, das Ende, o Herr, sie sind Dein,
Die Spanne dazwischen, das Leben war mein.
Und irrt' ich im Dunkeln und fand mich nicht aus,
Bei Dir, Herr, ist Klarheit, und licht ist Dein Haus. [61]

Fritz geht es schlecht. Dr. Wedemann, der nach Dr. Schwabes Tod die medizinische Betreuung übernimmt, kann nicht mehr helfen, so unermüdlich, ernsthaft und kompetent er sich auch bemüht. Ostern 1874 erleidet Reuter einen Schlaganfall und kann nur noch im Rollstuhl in den Garten gefahren werden. In der Felsgrotte, die der Gärtner Möller angelegt hat, sitzt er, den nahenden Tod ahnend. Nur noch die besten Freunde werden zu ihm gelassen. Der Schriftstellerkollege Friedrich Friedrich und der langjährige Freund Fischer sind in dieser Zeit hilfreiche Stützen für Luise. Schwester Telesphora hilft bei der Pflege des Schwerkranken. Luise ist Tag und Nacht am Bett. Letztes Wort: „Luise, lulle mich in Schlaf!" Die letzten Tage im Dämmerschlaf. Am 12. Juli zwischen 5 und 6 Uhr am Nachmittag schließt Fritz Reuter die Augen für immer. Noch nie starb ein Mensch in Luises Gegenwart, und nun ist der liebste Mensch, den sie auf Erden hatte, von ihr gegangen. Noch glaubt sie es nicht. „Ist er auch wirklich tot?" fragt sie, denn Fritz sieht so frisch und ruhig aus, liegt auf dem Bett, als wolle er gleich die Augen wieder öffnen. In ihrem Zimmer wird er aufgebahrt. Ein Segen, die Freunde zu haben, die noch klaren Kopf bewahren. Friedrich Friedrich geht mit ihr auf den Friedhof, um die Grabstelle auszusuchen, die ihr von der Stadt Eisenach ohne Bezahlung überlassen wird. *Die Stadtgemeinde hat es sich stets zur Ehre angerechnet, eine Reihe von Jahren hindurch in Ihrem verstorbenen Gemahl einen der großen Dichter und einen der edelsten Männer unserer Nation als ihren Angehörigen betrachten zu dürfen,* teilt man ihr mit und wünscht, *daß wenn Ihr jäher Schmerz um den theuren Entschlafenen in stille Wehmuth übergegangen sein wird, Sie noch recht gute Tage hier verleben mögen.* Friedrich und Fischer erledigen die Formalitäten in ihrem Auftrag, Luise läßt sich führen, erfaßt nichts, begreift nichts. Frau Friedrich hilft beim Bestellen der Trauerkleidung. Bruder Wilhelm aus Schwerin und Schwester Emma aus Wismar reisen an, ebenso der Verleger Hinstorff, um ihr beizustehen. Auch August, der Sohn des Tessiner Cousins von Fritz, des Pastors August Reuter, ist gekommen. Am 15. Juli morgens dürfen gute Bekannte von Reuter Abschied nehmen. Er liegt im Zinksarg, der von dem Eichensarg aufgenommen wird. Die blauen Klematisblüten hat Luise gepflückt und ihm zur letzten Ruhe mitgegeben. Der Ehering bleibt an seiner Hand, sie werden verbunden bleiben. Die Freunde haben aus den großen Kübelpflanzen eine Laube um den Sarg drapiert. Am Nachmittag um 5 Uhr beerdigen die Trauernden aus ganz Deutschland ihren geliebten Schriftsteller. Das Haus ist gedrängt voll von Trauergästen. Luise nimmt es am Arm von Friedrich wahr und sieht doch kein Gesicht. Die Freunde haben für eine würdevolle Zeremonie gesorgt. Auf Luises Wunsch spricht der befreundete Pastor Petersen aus Gotha die Abschiedsworte am Sarg. Vier Schriftsteller tragen den Kollegen im nun geschlossenen Sarg aus dem Haus. Vor dem Haus bis zur Straße Menschenmassen. Der Kirchenchor singt: „Es ist bestimmt nach Gottes Rat." Der Leichenwagen, mit vier Pferden bespannt, nimmt den Sarg auf, der nach mecklenburgischer Sitte unverhüllt ist. Auf dem Sarg liegt der Kranz aus Blättern der Reuter-Eiche, den der Stavenhagener Bürgermeister von Bülow aus Reuters Vaterstadt gebracht hat. Reuter hatte die Eiche einst seinen Eltern zu Ehren gepflanzt. Militärmusiker schreiten vor dem Gefährt, dahinter Freunde, Bekannte, Unbekannte, Burschenschaftler, Reuter-Verehrer aus nah und fern. Dann folgen siebzehn Wagen, im ersten Luise mit Bruder und Schwester, mit Fischer und Friedrich, auf die sie sich stützen kann. Schier endlos scheint die Reihe der Menschen, die Luise passieren muß, nachdem der Sarg, von den guten Worten des Pastors Petersen und dem Gebet des Eisenacher Diakons Hasert begleitet, in die Erde gesenkt worden ist.

Kondolenzbesuche bestimmen den nächsten Tag, die Briefe und Telegramme füllen Körbe. *Leer und öde* ist alles um Luise her.

Hinstorff schlägt einen Separatdruck der beiden Trauerreden vor. Luise stimmt zu. Die „Andenken an Fritz Reuter's Begräbnißfeier" enthalten außerdem die Beschreibung des Begräbnistages von Hermann Oelschläger, den Artikel aus der „Gartenlaube" vom „Heimgang des Dichters" von Friedrich Friedrich und einen „Nachruf für Fritz Reuter" aus der Wochenschrift „Im neuen Reich" von Gustav Freytag.

… wenn sich nur mein verwaistes Herz gewöhnen könnte, ohne die Liebe und Sorge für Ihn weiter zu leben. Ich fühle mich meines Amtes entsetzt – Niemandem mehr nothwendig und doch bisher äußerlich unaufhörlich in Anspruch genommen … In meinen Armen verschied Er! sanft und ruhig … Unsere Wünsche erfüllten sich: der seinige, daß ich ihm die Augen zudrücke, und mein Gebet, daß sein Ende leicht sei und ich Ihm bis zuletzt Alles sein möchte. – Meine Hände haben Ihn mit auf's letzte Bett gelegt und Gott verlieh mir die Kraft, all Seine Wünsche zu erfüllen. Daß so an seinem Grabe gesprochen werden möchte, habe ich oft heiß erfleht … Wenn Theilnahme-Beweise Trost geben können, ist mir derselbe in reichstem Maaße zu Theil geworden – sie zählen nach hunderten aus mehrerer Herren Länder, und nur die theilweise Beantwortung nimmt mich lange noch in Anspruch, mir zum Segen – ich bin mit Ihm beschäftigt und die Zeit vergeht! … Was mit mir wird, ob ich hier bleibe, zurückkehre oder nach Dresden ziehe, weiß ich noch nicht, kann ich jetzt noch nicht bestimmen; augenblicklich hält mich sein Grab und die Räume, die Er verlassen, und in denen allein Er doch nur weilt. „Wenn Du mich zur Ruhe gebettet, mein Wiesing", sagte er oft, „kannst Du leben, wo und wie Du willst." Ach, ja, das kann ich nun! – und keiner, keiner fragt darnach! …

Ja, Teilnahme-Beweise kommen, warme, treue von Freunden, schwülstige von völlig Unbekannten, und jeder glaubt und versichert, Luises Leid nachfühlen zu können. Unsägliche Lobpreisungen, wie die aus Amerika an die Zeitschrift „Die Gartenlaube" gesandte, wegen der „mangelhaften Form", wie Redakteur Ernst Keil meint, aber nicht gedruckte: *Ein edler Baum im Dichterwald / Ist wieder abgestorben, / Ein deutscher Baum voll Kraftgestalt, / Ein Eichbaum unverdorben. / ... Und ihm zur Seite lieb und treu / Stand seine brave Wising, / Die schafft ihm emsig täglich neu / Daheim ein Paradiesing/ ... Doch Freude währt in Ewigkeit / nicht auf dem Erdenrunde; / Das Schicksal schlug mit schwerem Leid / Dem Wising tiefe Wunde. / Gerufen ab von dieser Welt, / ward ihr der Fritz entrissen / Und klagend unterm Sternenzelt / steht Wising gramzerrissen. / Du weinest! Doch mit Dir auch weint / Die Welt um ihren Liebling / Mit ihm sind wir im Geist vereint / Dies sei dein Trost, lieb Wising.*[62]

Wer darf sie Wiesing nennen? Wer denn kann ermessen, was Luise fühlt? Mit welchem Recht setzt man ihren Schmerz mit dem des ganzen Volkes gleich? Es ist ihr Mann, der da gestorben ist, und er wird ihr gleich zweifach genommen. Erst er selbst, jetzt die Trauer um ihn. Nun gibt es Nachrufe, Verhandlungen über seine nachgelassenen Werke, die, wenn sie nicht aufpaßt, über ihren Kopf hinweg geführt werden, sie wird nicht mehr beteiligt, jedenfalls nicht so, wie sie mit Reuter beteiligt gewesen ist. Fremde Leute sagen ihr, was sie empfindet nach Reuters Tod. Das Schild „Morgens nicht zu sprechen" schreckt keinen mehr ab, der Hund Joli begrüßt jeden freundlich, Luise fühlt sich der Öffentlichkeit preisgegeben, hat keine Zeit, keine Gelegenheit für ihre ganz privaten Tränen.

ICH BIN MIT IHM BESCHÄFTIGT, UND DIE ZEIT VERGEHT

... Fru Pastern satt in'n Schummerabend oft un kek up dat Graww von ehren Paster: ach! sei müggt so giern starwen ...[63]

Schon beginnt Hinstorff emsig mit der Vorbereitung der Herausgabe der nachgelassenen Schriften und einer Biographie. Der Biograph soll der nun in Wien am Burgtheater tätige Schriftsteller Wilbrandt sein, meint Luise. ... *Er als specieller Landsmann wird die Characteristik meines Reuter sicherer und wärmer geben als Julian Schmidt; obgleich dieser ihn persönlich gekannt, blieb es doch immer nur ein mehrmaliges Sehen, kein eigentliches, genaues Kennen. Noch in dieser Stunde schreibe ich an Wilbrandt und schicke die betreffenden Schriftstücke mit ...*[64]

Doch die schlimmen Zeiten der Alkoholkrankheit will sie nicht an das Licht der Öffentlichkeit gezerrt sehen, sind es doch auch ihre schlimmen Zeiten. Häme befürchtet sie, heuchlerisches Bedauern von denen, die sie vorher beneidet haben.

Und der Schmerz kommt. Wilbrandt berät sich nicht nur mit ihr, nein, er befragt auch die engsten Freunde über Reuters Wesen und Eigenheiten, und Fritz Peters gibt bis ins kleinste Auskunft. Mag es auch richtig sein, wie Peters sie zu beschwichtigen versucht, ... *daß durch das Verschweigen dieser Angelegenheit sicherlich weit mehr geschadet als genützt werde, ... indem nicht 4 Wochen nach dem Erscheinen der Wilbrandtschen Biographie vergehen würden, bevor sich irgend ein ... Judenjunge darüber hermachte, um dieselbe als falsch und ungenau zu bezeichnen und nun grade das, was ängstlich vermieden werden sollte, sehr breit und übertrieben in die Welt hinein zu posaunen …*[65]

Wohl weiß sie, Otto Glagau hat in seiner Reuter-Biographie diese ihre Schmach schon vor langer Zeit, 1865, öffentlich gegeißelt. Oh, wie wütend wurde ihr Reuter deswegen, hatte damals sogar in das Buch böse Kommentare geschrieben, was so gar nicht seine Art war. Glagau wird es wieder und wieder tun, doch von ihren besten Freunden im Stich gelassen zu sein, kann sie nicht verwinden. Die Freundschaft ist fortan nicht mehr dieselbe.

Die Biographie von Wilbrandt mit den nachgelassenen Schriften erscheint als Band 14 der Reuterschen Werke Ende 1874. Luise ist letztlich zufrieden mit den warmen Worten, die Wilbrandt für ihren Mann findet: … *ich habe die Biographie sehr sorgsam mehrmals gelesen und mit großer Bewegung. Ich glaube, daß Niemand denken kann, Reuter sei Wilbrandt von Person unbekannt. Der Biograph hat mit größter Innigkeit tiefeingehend sich in Reuters innerstes Wesen versetzt – ich glaube, Niemand wird ohne Bewegung diesen Theil lesen können (es ist durchaus nicht gedehnt) mich, die es am nächsten und tiefsten betrifft, bewegt es das Herz tief und schmerzlich …*[66]

Noch ist Luise Reuter beschäftigt: Die Grabstätte soll eine schöne Büste erhalten, die Bearbeitung des Granits dauert länger als geplant, Lieferzeiten werden nicht eingehalten, die Werkstatt des Bildhauers Afinger säumt. Nur Reuters Namen wünscht Luise als Inschrift, teilt sie dem Bildhauer mit. *Wer mehr wissen will, mag nachlesen!*

Fritz Reuters Grab in Eisenach. Ursprünglich hatte Luise die Absicht, für sich selbst eine andere Begräbnisstelle zu wählen, worauf Arnold Wellmer, Redakteur in Stuttgart, ihr schrieb: „… Ich hoffe, Sie nehmen diesen Entschluß zurück. Luise und Fritz Reuter gehören für alle Zeiten zusammen …“

Kurz nach dem 1. Todestag kann die Büste aufgestellt werden. Doch bald erweist sich die Notwendigkeit, auch ein Gitter darum ziehen zu lassen, *die meisten Besucher,* bedauert Luise, *betrachten nicht mit den Augen sondern mit Händen und Füßen.*

Mehrfach muß sie sich Gedanken machen über das zu errichtende Nationaldenkmal. Es sind Reuter-Vereine gegründet worden; verschiedene Comitees zur Errichtung von Denkmalen konkurrieren im kleinen Mecklenburg miteinander. Luise wird von mehreren Seiten geradezu bedrängt, für den Standort Neubrandenburg zu stimmen, doch sie antwortet – sehr zum Verdruß der Norddeutschen und zum Schaden für ihren späteren Ruf in Neubrandenburg: ... *Von verschiedenen Seiten bin ich um meine Meinung, meine Wünsche befragt, betreffs des Ortes des beabsichtigten Denkmals; Stavenhagen als Geburtsort, Treptow, das den Beginn des schriftstellerischen ersten Erfolges sah, Neubrandenburg die Blüthe desselben – und – Eisenach das letzte Heim! Alle vier Orte kamen in Vorschlag. Zwei derselben scheinen mir durchaus ungeeignet, der abgelegenen Lage wegen: Stavenhagen und Treptow. Für Neubrandenburg spricht sehr viel, fühle auch ich – aber soviel ich höre, wird keine allgemeine Betheiligung erzielt werden, keine nationale für den zwar reizend gelegenen, aber doch immer an einem Ende Deutschlands aufzusuchenden – und so Wenigen zugänglichen Ort. Mein theurer Gatte liebte sein engeres Geburtsländchen zwar innig, aber doch mit keiner engherzigen Liebe; er war vor Allem Deutscher und liebte sein großes freies deutsches Reich mit der ganzen Wärme seines treuen Herzen. Er hatte ja nicht allein für Mecklenburg gelebt, gelitten, ihm folgte die Liebe Deutschlands ins Grab! ... Eisenach bekommt sein Denkmal. Und das nationale beabsichtigte muß seinen Platz finden in Jena ... In Jena hat Reuter den Traum seiner Jugend, den er so schwer hat büßen müssen, und dessen endliche Verwirklichung ihm den Abend seines Lebens erheitert hat, in sich erblühen sehen! Sein Auge flammte begeistert, wenn er mir von Jena erzählte! Jena ward als Endziel unserer ersten größeren Reise von ihm bezeichnet, als den ihm liebsten und schönsten Ort ...*[67]

Um Abstand zu gewinnen, fährt Luise im Oktober 1874 nach Lübeck zu den Verwandten. Sie wohnt in Düffcke's Hotel, besucht Bekannte, erholt sich, faßt sich. Sie überdenkt angesichts kleiner Unkorrektheiten vom Verleger ihr Verhältnis zu ihm und mahnt: ... *Eingedenk der Worte Reuters „Laß nie ein Titelchen von dem durch mich mit Hinstorff gemachten Contract ändern. Wechsel beim Beginn des Drucks, 3 Monate später Zahlung." ... Ich bitte Sie herzlich, doch auch mit aller Bestimmtheit, in mir die gewissenhafte Vertreterin Reuters zu sehn, die durchaus ganz im Sinn desselben stehn und betrachtet sein will. Ich bin ganz eingeweiht in Allem, was meine Rechte betrifft, wie Sie wissen – und mit dem Gang der Geschäfte hat die Freundschaft nichts zu thun ... es bleibt Alles ganz, wie Reuter bestimmt, sonst bin auch ich nicht an den Contract gebunden, wie Ihnen bekannt ...*[68]

Eine Auswahl von Briefen soll erscheinen. Der treue und ihr herzlich verbundene Gisbert von Vincke rät ihr dazu. Welch heitere Stunden haben sie gemeinsam verlebt, wie haben sie gelacht und sich gefreut, ihr Fritz und sie auch, als sie in Vinckes Gedichtband die reizende Widmung lasen:

An Frau Louise Reuter
In's Kaufgewölbe trittst du ein,
Da zeigt man Dir der Stoffe Fülle:
Hier: liebst Du nicht den bunten Schein,

Dort: gar zu duftig sind die Tülle!
In Wahl und Qual sei unverzagt,
So fällt wohl auch am letzten Ende
Das rechte Stück, wie Dir's behagt,
Nach Farb' und Stoff in Deine Hände.[69]

Nun schreibt er an sie: *Verehrte Frau! ... Ihnen brauche ich nicht noch zu sagen, wie lebhaft mein Gedächtnis alle die guten heiteren Stunden bewahrt, welche wir mit einander verbrachten, auf der Laubbach und zu Eisenach bei Ihnen am häuslichen Herde, und wie oft ich es beklagte, daß ihrer nicht mehr sein konnten. Denn zu der edlen Gastlichkeit, welche Ihr Haus bot, indem Sie das Gefühl, ein störendes Element zu sein, bei dem Gaste nicht aufkommen ließen, gesellte sich ja die nie unterbrochene Anregung, welche den Geist erfrischte und stärkte. ... Wollen Sie mir nun noch gestatten, einen Gedanken auszusprechen, den ich vielfach erwogen habe, und den ich glaube immer auf's Neue als gut und richtig erkennen zu müssen. Ich meine, Sie wären es sich und Reuter und den vielen Tausenden, die ihn lieb haben, gewissermaßen schuldig, eine Auswahl seiner großen Correspondenz zu geben – sicherlich nicht ... mittelst Umstürzung des Papierkorbes oder der Schiebladen; aber das feine Taktgefühl der klugen Frau, der treuen Gattin ist ja so leicht im Stande, hier zu sondern und zu sichten ... Und gerade durch ein solches Verfahren bewährt sich, nach meiner Auffassung, die rechte Pietät; aber ich meine auch, daß nur die Hand der Frau dem Allen völlig gerecht werden kann. Durch die quantitative Einschränkung würde sich der qualitative Werth nur steigern, und der Welt ein umfangreicher Schatz geboten werden, welcher zugleich dem Todten ein Denkmal wäre, wie es schöner und ehrender für ihn wie für Andre sich nicht errichten ließe. Bitte, überlegen Sie sich die Sache, welche wahrlich der Ueberlegung werth ist. – Meine Frau wollte Ihnen selbst schreiben, aber sie fährt eben – zur Lösung eines alten Versprechens – mit den Kindern nach Basel, und ich mochte es nicht aufschieben ... Seit dem Anfang des July liege ich etwas in Mißhelligkeit mit dem Magen, hoffe aber nun, durch eine späte Brunnencur, mit der ich zur Zeit beschäftigt bin, den Feind ganz aus dem Felde zu schlagen. – Sie können denken, daß ich auf Adolf Wilbrandt's Arbeit sehr begierig bin. Mir ist die Nähe von Gustav Putlitz (als Leiter des Carlsruher Hoftheaters) und der dadurch erleichterte Verkehr, welcher sich auch auf die Familie erstreckt, eine vermehrte Annehmlichkeit des Freiburger Aufenthalts geworden. Sehen wir Sie denn nicht einmal hier? Daß wir uns um Ihren Besuch herzlich freuen würden und auch im Besitz eines Gastzimmers sind, brauche ich wohl nicht noch zu sagen. In treuer Verehrung Ihr ergebenster Gisbert Vincke*[70]

So inseriert sie in verschiedenen Zeitungen die „herzliche Bitte", ihr die Briefe ihres Mannes kurzzeitig zur Verfügung zu stellen. Wieder wählen sie Wilbrandt, der mit ihrer Hilfe die Briefe zusammenstellt und herausgibt. Luise arbeitet, sie kopiert die Briefe und schickt sie dann an die Eigentümer zurück. Manch liebevolles Begleitschreiben hat sie dabei zu beantworten, sie ist beschäftigt, die Zeit vergeht. Alwine Wuthenow, die Schriftstellerin aus Greifswald, findet wunderbar warmherzige Worte: *Liebe verehrte Frau! Schon als mir die Kunde von dem Heimgange Ihres Herrn Gemahl, unseres so allgeliebten und innig verehrten Dichters Fritz Reuter zu Teil wurde, drängte es mich oft, Ihnen ein Wort der Teilnahme und des Mitgefühls und der Mittrauer bei diesem uns alle mittreffenden Verluste zu senden, den Jeder, der ein deutsches Herz im Busen trägt mit erleidet, allein von dem traurigen Orte aus wo ich damals noch weilte, vermochte ich es nicht, hatte ich doch seit vielen Jahren mich bis auf die allernotwendigsten schriftlichen Mitteilungen beschränkt, ... ganz abgesehen von dem herben Tropfen des eigenen Leidens, das sich unwillkürlich solchen Ergüssen an liebe Freunde beimischt, man auch beständig die Lectorschere über sich fühlt und keinen Brief ohne fremde Einmischung abschicken darf, wodurch sich denn von selbst die Neigung zum Aussprechen mindert, zuletzt ganz verliert. Seit dem Herbste aber weile ich ja im Kreise der lieben Meinen zu denen ich seit den ersten Tagen des Octobers übersiedelte und wenn ich es denn auch etwas spät fand ... so sahn wir ... uns auch durch Ihre Bitte um nachgelassene Briefe Ihres Herrn Gemahls jüngst veranlaßt, alle Correspondenzen früherer Jahre durchzusehen ... Alle ohne Unterschied offenbaren die liebe, treue, warme Freundesnatur, die ihm wie selten einem Menschen eigen war. Voll der Ehrlichkeit, Offenheit und Gradheit, ...*[71]

Sophie Reuter hat die Briefe aus der Jugendzeit ihres Stiefbruders an seinen Vater aufgehoben und zur Drucklegung an den Verleger Westermann in Braunschweig verkauft. Empört reagiert Luise auf diese Nachricht, die sie einer Zeitungsanzeige entnehmen muß: Die Briefe würden genau das deutlich machen, was Reuter zeit seines Lebens verdrängt hatte, was sie, seinen Intentionen folgend, der Öffentlichkeit nicht preisgeben wird – das Verhältnis zu seinem Vater. Sie setzt sich zur Wehr, Gerichtsrat Fischer steht ihr als Rechtsbeistand zur Seite. Nur bei ihr liegt das Recht zur Veröffentlichung von größeren Sammlungen, sie ist die Alleinerbin. ... *Wie heimlich man die Veröffentlichung der Jugendbriefe betrieben! Und wo sie so lange gesteckt! Ganz der Frau Sophie Reuter ähnlich! ... Hat sie doch fast die ganze Erbschaft an sich genommen – die Briefe werden wohl dazu gehören. Wie schön sie gleich an Alles gedacht! sofort nach dem Heimgange meines Fritz!*[72]

Sophie Reuter. Auf der Rückseite der zeitgenössischen Photographie handschriftlich: „As Fritzing deep in Not hett seten, sin Swesting hett em nich vergeten."

Sophie jammert, ihre Kinder bitten um Verständnis und Rücksicht, fast ist Luise schon geneigt, alles aufzugeben, fast tut ihr die Schwägerin schon wieder leid. Keinesfalls will sie schuld sein an einer Verschlechterung von Sophies Gesundheitszustand, doch Fischer und Hinstorff bleiben unerbittlich, also auch sie. Die Briefe werden in ihrer Gesamtheit zu Luises Lebzeiten nicht veröffentlicht.

Die Beziehungen zu ihren Geschwistern gestalteten sich wieder enger. Emma, ihre unverheiratete Schwester, ist häufig bei ihr, bezieht auch eine kleine Rente von Luise.

Regelmäßig gehen Geschenke über den Ozean an Bruder Heinrich, der in Warnambool, Australien, ein neues Gasthaus gemietet und sich einigermaßen wieder aufgerappelt hat. Unter seinen fünf Kindern heißt eine Tochter Luise, und ein Sohn trägt den Namen Fritz Reuter Kuntze. Gaben sendet Luise auch an die herzlich geliebte Schwester Caroline in Californien, an den Bruder Friedrich in Guajaquil, der sich mit Klavierunterricht und Unterhaltungsmusik seinen Lebensunterhalt verdient, und an Bruder Franz, Inhaber einer kleinen Küferwerkstatt in Indiana County.

Welch lieben, ehrlichen und doch so fremd klingenden Brief hat ihr Heinrich geschrieben, der schon so lange in der Fremde ist, daß er Deutsch und Englisch vermischt: *Meine theure Luise, Wilhelms Brief vom 30. July meldete mir Deinen und unser Aller Verlust, sowie die wohlverdiente und rührende Anerkennung desselben von allen Freunden von nah und fern. Die Nachricht kam nicht unerwartet, als ich vor Wilhelms Brief schon die Anzeige in einer deutschen Adelaider Zeitung las. Es mußte bei Telegraph gekommen sein. Reuter war ein gescheuter, talentvoller, aber auch ein braver, guter Mann, und nach Jahrhunderten wird sein Name eben so bekannt und geehrt sein als jetzt, wenn von uns Anderen bei Millionen gezählt keine Spur mehr vorhanden ist. Dies Bewußtsein, Zeit und frommer Glaube wird Deinen Schmerz lindern … Deine Hülfe, liebe Schwester, ist noch unberührt … Wilhelm schrieb mir, Du würdest mir einige Photographs schicken, ich sehe ihnen mit Spannung entgegen. Aus der früher erwähnten Zeitung erfuhr ich zugleich, daß Reuter ein Werk schrieb „Mecklenburg als es war, ist und sein wird" oder so ungefähr. Ist dies Werk nun schon heraus? Es sollte mich sehr wundern, wenn sein Schwanengesang nicht zugleich sein vorzüglichster wäre. Lebe wohl, meine theure Schwester und sei tausendmal gegrüßt von Maggie und uns allen, besonders von Deinem treuen Bruder Heinrich.* [73]

In Amerika wird man noch ein Jahrhundert nach ihrem Tod liebevoll und dankbar der Luise Reuter gedenken. 1875 wendet sich ein Vertreter des Plattdeutschen Volksfestvereins New York, der plattdeutsche Dichter Wilhelm Fricke, an sie. Er bittet um einen Beitrag zu einem Reuter-Denkmal. Luise weiß um das Schicksal der Deutschen in Amerika, die oftmals in der Heimat nicht Haus noch Hof noch Möglichkeit zum Leben gefunden haben, die zu den Ärmsten der Armen gehörten und als letzten Ausweg aus ihrer Misere die Auswanderung zu wählen gezwungen waren. Sie spendet das Manuskript von Reuters Versepos „Kein Hüsung". Statt des Denkmals baut man schließlich das „Fritz Reuter Altenheim". Die in eine luftdichte Röhre eingeschlossene Handschrift wird aus dem Denkmalsockel entfernt und im Altenheim sorgsam gehütet und in Ehren gehalten.

Luises Verhältnis zu Hinstorff beschränkt sich nun nicht mehr nur auf die Geschäfte, der Verleger hilft ihr auch in den privaten Angelegenheiten. Er besorgt die Rentenzahlungen für Emma, schickt die Geschenke nach Übersee, prüft die Vermögensverhältnisse vom Schweriner Bruder Wilhelm, und er ist Luises Klagemauer, an der sie all ihren Ärger über die Schweriner Geldkalamitäten abladen kann. Luise bewundert Hinstorff, diesen unverwüstlichen, nervenstarken Mann, und sie wünscht sich manchmal, ihre Nerven gegen seine „Drahtseile" eintauschen zu können. Bruder Wilhelm, der Herr Postdirektor in Schwerin, ist bankrott und hat von seinem Schwager Kelling, dem Bruder seiner verstorbenen ersten Frau, viel Geld geliehen, um die gefallenen Aktien nicht sämtlich verkaufen zu müssen. Kelling bricht unter der finanziellen Last selbst zusammen und fordert von Luise den Ausgleich. Wilhelm, dessen zweite Frau Bertha, die Schwester von Adolf Wilbrandt, kränkelt und einer Kur bedarf, fleht um Luises Unterstützung. Luise hilft natürlich, doch es sind große Summen, zu deren Zahlung sie sich verpflichten muß. Wer sagt ihr mit Bestimmtheit, daß die Werke ihres Mannes sich weiter gut verkaufen werden? Luise zahlt, nicht ohne Garantien zu verlangen, nicht ohne Zaudern, nicht ohne ihrer Sorge über die Untätigkeit der beiden und die Selbstver-

Luise Reuter in einer Photographie 1879.

ständlichkeit, mit der sie Luises Hilfe in Anspruch nehmen, mit harschen Worten Ausdruck zu geben. ... *Schöne Sorge,* wütet sie gegenüber Hinstorff, *eigenthümliche Art der Abtragung einer Ehrenpflicht! Bei jedem Zahlungstermin einen lamentablen Brief an die Schwester zu schreiben und die zahlen zu lassen! Dann das Erhaltene in Ruhe verzehren und neue Brandbriefe absenden – in Hoffnung auf bessere Zeiten ... diese Angelegenheit bringt mich noch in den Tod ... da habe ich sicher die ganze Familie Kuntze, jahraus, jahrein ... und nun die arme kranke Bertha, mein Gott, Kelling muß sich aufraffen, was redet der Mann von „Reuterscher Erbschaft" für die Kinder! Wenn alles verzehrt ist, wenigstens ihr Antheil, kann nichts mehr für die Andern übrig bleiben; die andern Geschwister haben auch Kinder ... Lebte mein Fritz noch! Nun bin ich nur eine Zahlmaschine, die am besten thäte, die Augen zu schließen ... Weil ich mich nicht ruiniren will, bin ich natürlich hartherzig etc ... jährlich 4000 th ... ich schlafe die halben Nächte nicht, sorge, quäle, gräme mich. Niemandem mehr gehöre ich ... von Person ... nur durch's Geld ...*[74]

Doch die geschwisterliche Gemeinschaft erstreckt sich nun durchaus auch auf die Kenntnis der Vermögensverhältnisse der Witwe; Wilhelm erklärt ihr: ... *Du wirst, ... liebe Luise, auch nicht durch Deine Geldvorschüsse in die Nothwendigkeit versetzt werden, Deine Villa verkaufen zu müssen. Wenn Dein Kapitalvermögen auch nur geringe ist, so sind doch die neuen Auflagen Deines Seligen Mannes eine dauernde und ausreichende Einnahmequelle ...* [75]

In der Tat, die Begehrlichkeiten und die Zuversicht der Verwandten haben ihren plausiblen Grund, Reuter hat für seine Frau gut gesorgt. Luise profitiert von der wachsenden Beliebtheit der Reuterschen Werke und der Geschäftstüchtigkeit Hinstorffs, der mit ihr einen ab 1877 in Kraft tretenden, später auf die Dauer von zwölf Jahren vereinbarten Vertrag über eine Volksausgabe von Reuters Werken abschließt, wodurch der Verleger mit Recht weiteren Gewinn voraussieht und Luise die vielen Bitten um eine billigere Ausgabe zu erfüllen hofft. Hinstorff zahlt dafür – unabhängig von der Auflagenhöhe – an Luise 75 000 Mark. Unberührt bleibt der bisherige Vertrag über die teure Ausgabe, für den er ihr eine jährliche Einnahme von mindestens 3000 Mark auf zehn Jahre garantiert. Noch ahnt sie nicht, daß diese Summen sich im Vergleich zu den Einnahmen des Verlages aus der Volksausgabe armselig ausnehmen; die vereinbarte Einsicht in seine Bücher kann sie schwerlich vollziehen, der Vertrag scheint ihr gerecht, nachdem sie sich nun einmal überzeugen ließ, daß die Volksausgabe notwendig sei, sie vertraut Hinstorff. Der Mann ist ihr ja schon unentbehrlich geworden, und er meint es gut mit ihr, das weiß sie.

Recht reserviert hat er sich geäußert, als Luise enthusiastisch die Rückkehr ihres Bruders aus Australien in die alte Heimat befördern wollte. ... *nun kann ich einige Jahre mit Sicherheit den Bruder und Familie erhalten ... es findet sich sicher in Wismar oder Lübeck Gelegenheit, mit Hülfe einiger Pensionäre und meinem Zuschuß dem englischredenden gebildeten Mann eine bescheidene Existenz zu gründen. Die Kinder sind sicher wohlerzogen, darin kenne ich meines Bruders Grundsätze ... Die Schwägerin ist gewiß eine liebe, gute einfache Hausfrau und Mutter ... Die gesegnete Feder meines seligen Fritz und Ihre unermüdliche Thätigkeit und Umsicht retten diese Familie ...* Voller Freude plant Luise alle Einzelheiten. Erst einmal soll die Familie bei ihr in Eisenach wohnen, bis sie ein eigenes Domizil gefunden hat. ... *Der 12jährige Henry fände in Schwerin bei seinem Onkel Wilhelm an Stelle Johannas Aufnahme, die dafür meiner weiteren Fürsorge gewiß. Die beiden kleinen Vettern, fast gleichaltrig passen trefflich zusammen. Bruder Heinrich und Frau behalten somit die beiden Kleinen, Lo und Frederic wohnten bei mir während des Sommers. Sie helfen bestimmt dem Normann eine Stelle, vielleicht geeignet zur Erlangung einer Buchhandlung. Wenn Privatunterricht nöthig, würde ich das gern gewähren* ...[76]

Schnell nimmt sie von dem rückhaltlosen Entgegenkommen Abstand, als ihr Bruder Heinrichs befremdliches Ansinnen bekannt wird, über ihre Finanzen verfügen und ihr eine angemessene Leibrente zahlen zu wollen. Welch eine Enttäuschung hat der Bruder ihr bereitet, vor welchem Ungemach hat Hinstorff sie bewahrt! ... *So weit ginge ich nicht, meinem Fritz die Schmach anzuthun auf Leibrente zu leben während all sein Streben darauf hinausging nach seinen Worten: Du sollst thun und leben können, wie und wo du willst, dafür habe ich gesorgt. Immer höre ich wieder, wie Er in den letzten Nächten sagte: Wüßte ich, daß Deine Brüder nach meinem Tode kämen, dir meine Erwerbung abzunehmen, ich ließe noch den Notar kommen und setzte fest, das Capital dürfe nicht angegriffen werden. – Auf meine Beruhigung, daß die Brüder nicht fordern würden, erwiederte er: das weißt du nicht, Wilhelms Geschichte ist eine Schraube ohne Ende – sie können in Noth sein, dich bereden, dann giebst du nach. Wenn er nun all dies erlebt hätte!!* ...[77]

Für Wilhelms geistesgestörten Sohn Max, der großer Fürsorge bedarf, setzt Luise eine kleine Summe aus. Johanna, Wilhelms Tochter, hält sich oft und lange bei ihrer Tante in Eisenach auf. Luise läßt die Nichte ausbilden, ihr Klavierunterricht geben, finanziert ihr Leben auf einige Jahre. Bei allen privaten Geldangelegenheiten darf sie sich auf Hinstorff verlassen, er steuert die Überweisungen, ihr Bankhaus Frege & Co. in Leipzig könnte es nicht besser, hoffentlich bleibt er ihr noch lange erhalten!

Trotz aller Verpflichtungen hat Luise genug Geld. Über die Einnahmen aus den Reuterschen Werken hinaus erhält sie noch die Erträge aus den Aktien, die ihr Mann mit Hermann Grashofs Hilfe gekauft hat. Allein im Jahr 1884 kommt sie dabei auf eine Summe von 15 825 Mark. Sie ist eine wohlhabende Frau, kann tun und lassen, was sie will. Aber schrecklich allein ist sie, wehrlos auch. Von den alten Freunden sind so viele schon Reuters Weg gegangen, wen hat sie denn noch? Ja, von fern kommen immer mal wieder Grüße von den Reuter-Verehrern, Einladungen auch zu Lesungen und Reuter-Feiern, doch hier in Eisenach hat sie nur wenige Freunde.

Der Neid der Eisenacher, besonders der weiblichen Gesellschaft, auf die Frau, die vorher „die nächste zu Fritz Reuter" war und nun so vermögend ist, grassiert. Er läßt die Leute tückisch werden und gemein. Mit Reuter war sie schwer angreifbar, jetzt tuschelt man, wenn sie vorübergeht, das bleibt ihr nicht verborgen. Alle ihre Bemühungen, privates Leid zu verheimlichen, sind nun ins Nichts zerlaufen. Die Leute zerreißen sich das Maul, alle Welt weiß Bescheid. Was bleibt ihr übrig, als sich abzuschirmen, sich zu verkriechen, zu flüchten? Unerschütterlich in seiner Freundschaft bleibt der Großherzog, treu sind auch Else Wildhagen, die Tochter von Friedrich Friedrich, und ihr Mann. Else, das lütt Dierning, wie Luise sie nennt, berichtet später über ihre „liebste Tante":
... *In Eisenach war Frau Reuter keine all-*

gemein beliebte Persönlichkeit, weil sie, bei aller bezaubernden Liebenswürdigkeit, doch eine resolvierte und vornehme Natur besaß, die an dem kleinlichen Geschwätz der Kaffeegesellschaften keinen Gefallen finden konnte, und daß sie diese mied, war für die Eisenacherinnen ein großes Aergernis. Man betrachtet es in Eisenach ja gewissermaßen als eine Gnade, eine Herablassung, wenn Einer von der Zunft der Schriftsteller zur Gesellschaft zugelassen wird, denn dieser Stand kommt dort gleich hinter dem der Seiltänzer. „Die von der Feder" machen in Eisenach die tragikomischsten Erfahrungen, mein Vater lebte schließlich als Einsiedler dort … So verstand man auch Luising, diese genial denkende, anders geartete Frau nicht, und wenn die hohe schwarze Gestalt in ihrem Garten lustwandelte, wird von den vorübergehenden Eisenachern wohl manche häßliche Bemerkung gefallen sein, kaum daß sie gegrüßt wurde …[78]

Die Villa bedeutet Luise nicht nur Heimstatt und Ort der Erinnerung, sondern auch beschwerliche Pflicht, den großen Haushalt zu führen und den Besitz instandzuhalten. Furchtbar einsam fühlt sie sich in dem großen Haus. Jetzt, da niemals mehr die geliebte, so sehr vertraute und verzweifelt vermißte Stimme vom Arbeitszimmer in ihr „Sanktuarium" schallt: „Die Pinschgauer wollten wallfahrten gehn", Zeichen für die Beendigung des selbstauferlegten Tagesarbeitspensums und die nun folgende gemeinsame Kaffeezeit. 400 Volklieder kenne er, brüstete ihr Reuter sich stets. Ja, freilich, die ersten beiden Zeilen, dann beschränkte sich sein Gesang auf „lalala". Sie hat sich herzlich über seine unglückliche Liebe zur Musik amüsiert. Langsam, zögerlich reift der Wunsch, sich von der Villa zu trennen.

1876 ziehen die Friedrichs aus Eisenach fort. Auch Luise verläßt nun oft den traurig und wehmütig stimmenden Eisenacher Wohnsitz. Wieder zu Hause, berichtet sie Frau Friedrich: ... *Mit schönen neuen Eindrücken kehrte ich am 7. September zurück von 12wöchentlicher Reise. Eine Reise im Zick-Zack habe ich gemacht, aber dabei doch auch, was ich wünschte, Wiedersehen von Freunden, Besuch alter Orte. Ich ging den 16. Juni nach Lübeck, Hamburg, Holstein, von da nach Ems. Dann machte ich die lang projectirte Schweizerreise – eine schöne genußreiche Zeit – der Einblick in die großartigste Welt – eine Wunderwelt. … O wie herrlich ist die Schweiz! Die Abwechslung vom Grausigen zum Lieblichsten wirkt entzückend. Sie müssen sich auch diesen Hochgenuß gönnen – gut, daß Sie Ihren Klotz am Fuß „Villa Friedrich" (Eisenach) abgeschüttelt haben. Mich hält dies Gewicht noch immer bedenklich zurück von allzu kühnen Plänen. Wenn's nicht meine Erinnerungen wären – ich schleuderte es manchmal weit von mir. …* [79]

Luise kann sich nicht entscheiden: … *Sehr, sehr oft trage ich mich jetzt schon mit dem Gedanken, die schöne theure Villa bei passender Gelegenheit anderen Händen zu überlassen, mir in Lübeck ein kleines Heim zu suchen – und den Winter wieder unter Menschen zu verleben. Jetzt ist natürlich keine Zeit zum Verkauf – ich warte es ab – aber den Winter allein in der großen Villa verleben – macht schwermüthig. Vielleicht bleibe ich in Italien …*[80]

… Mein liebes treues Thierchen, Freund, Begleiter und Beschützer hat seine Ruhestatt gefunden in der schönen Felsnische wo sein seliger Herr ausruhte in den letzten Lebenstagen. Acht Tage lang suchten wir vergebens nach dem Hündchen – dann eines Morgens fand es sich todt im Bache, im Johannnisthal … Wie hineingerathen? Wer weiß es: Die senkrechten aufgemau-

erten Wände, den Bach einfassend, müssen das Herauskommen unmöglich gemacht haben – Das arme Thierchen wird erstarrt sein, vielleicht vom Schlage gerührt. Möller und ich haben den lieben kleinen Joli bestattet – eine Porcellan Tafel mit „Joli" bezeichnet die Stätte. Da erst fühlte ich mich ganz verödet! Mancher Mensch verläßt die Erde, ohne eine Lücke zu hinterlassen, wie mein Jolichen in meinem Herzen. Beeilte die Abreise, das Haus war wie ausgestorben. Der Winter in Eisenach ohne Joli wäre undenkbar gewesen – Glaube doch, daß ich meine schöne Villa noch verkaufe, so sehr ich auch daran hänge – die trostlosen Winter für eine Person …[81]

Schließlich ringt sie sich dazu durch, in mehreren überregionalen Zeitungen ihre Villa anzubieten. Friedrich Friedrich hilft ihr dabei:

Inserat

Wegen beabsichtigten Weggangs der Besitzerin ist Fritz Reuters Villa in Eisenach (am Fuße der Wartburg) verkäuflich.

Näheres: Adr. F.F. Eisenach, Thüringen, Hainstraße N°2 [82]

Aus dem in Angriff genommenen Verkauf wird nichts, immer wieder lassen sich bedauernde, mahnende, ermutigende Stimmen von Freunden hören; Wachsmuth, der alte Freund Reuters, rät ihr, die Villa dereinst der Schillerstiftung zu vermachen. Auch der reizende Paul Heyse, der Schriftsteller, der für die Schillerstiftung tätig ist, befürwortet den Vorschlag. Luise erscheint die Villa zu groß, zu kalt, zu leer. Nach Dresden, in die Kunststadt, würde sie gern ziehen oder auch nach Lübeck, wo sie noch Verwandte hat und Freundinnen.

Sie geht auf Reisen, fast jeden Winter ist sie abwesend. Nach dem Tod ihres alten Freundes Fischer hilft ihr der Nachbar Oberst Schmelzer das Haus zu verwalten. Nach Lübeck fährt sie öfters, kurz noch einmal nach Siedenbollentin zu den Peters', häufig zur Kur nach Wiesbaden, in die Schweiz.

Luise nimmt sich von der Welt, was sie kann, fährt wieder und wieder gen Süden, besucht 1878 Rom und berichtet dem Präpositus Niederhöffer in Stavenhagen: *Hochverehrter Herr Pastor, … Die guten Nachrichten über Ihr Befinden, wie das Ihrer Frau Gemahlin, empfing ich mit herzlicher Theilnahme. So mancher liebe alte Freund meines seligen Fritz ist im Laufe letzter Jahre auch heimgegangen, so der treue Leidensgefährte des Verewigten, „der alte Capitain": Justizrat Schultze-Meseritz – bald werden alle Getreuen Oben vereint sein! – Erfrischt an Körper und Geist, kehrte ich Mitte Mai heim, es war Zeit, beiden wieder Ruhe zu vergönnen. Aber neue Welten erschlossen sich dem innern und äußern Auge. Was uns auch aufbewahrt an sichtbaren Zeichen längst vergangener Zeiten – birgt die „ewige Stadt" in sich – die Wiege und Mutter späterer Entwicklung. – Man hat nicht Augen und Ohren genug, Alles in sich aufzunehmen und zu bewahren – und bedarf auch dazu vor Allem gesunde Kräfte, und langsam – allmäliges Studium. Dann aber ist es ein ernst-erhebendes Genießen, Bewunderung erweckend, was Menschengeist geschaffen, schon vor Jahrhunderten – unerreicht von der Jetztzeit! – Die herrlichen Kirchen, die wundervollen Skulpturen, die über allen Ausdruck schönen, fesselnden Gemälde – die Überreste alter Bauwerke – die Villen der alten vornehmen römischen Familien, die tropische Pracht der Gärten – Alles ist unsagbar, zauberhaft schön – bei ungetrübtem italienischen Himmel (wenn es nicht regnet). Mit wehmüthig-dankbaren Gefühlen habe ich genossen. O, daß mein Fritz hätte theilnehmen können, hät-*

te mitempfinden können. – Der Theure, hätte Er die Werke Raphaels, Michel Angelos, Titians schauen können! – Aber – mitgelebt hat Er, nicht allein in mir. Wohin ich kam – Sein Name öffnete mir Herzen; und mit unendlichem Stolz erfüllt mich auch die Erinnerung, wie warm und herzlich unser Bothschafter nebst Gemahlin, Herr und Frau von Keudell sich über den Menschen und Autor ergossen und mir die liebevollste Aufnahme gewährten. – Mit den herzlichsten Empfehlungen an Sie, hochverehrter Herr, wie Ihre liebe Frau Gemahlin, hochachtungsvoll ergeben Luise Reuter geb Kuntze [83]

Auch in Rom in all dem Trubel, all den Einladungen, neuen Eindrücken und Bekanntschaften muß Luise sich geschäftlichen Dingen widmen. Von hier aus gibt sie Bernhard Tauchnitz die Genehmigung, die „Stromtid“ in die englische Sprache übersetzen zu lassen und herauszugeben. Reuter hat das im Jahr 1867 mit der „Franzosentid“ ebenso gehalten, hier ist allein die Erlaubnis des Autors maßgebend, sagt Luise.

Der junge sympathische Herr Sengbusch, der die Koch'sche Verlagsbuchhandlung übernommen und dem sie eine Auflage von zwei Lustspielen und den Julklappgedichten erlaubt hat, zeigt nun das Erscheinen von „Ergänzungsbänden“ zu den „Sämmtlichen Werken“ an. Hinstorff fürchtet Nachteile für seine Geschäfte und ist ob der Unkorrektheit äußerst verschnupft, denn Reuter wollte diese Lustspiele und Julklappgedichte nicht unter seinen gesammelten Werken erscheinen lassen, auch werden unter „Sämmtliche Werke“ allein Hinstorffs Ausgaben vertrieben. Luise schämt sich, sie war oberflächlich, hat den Vertrag mit Sengbusch nicht genau gelesen, sie ist in Hinstorffs Schuld, zumal sie kurz vorher in scharfen Worten den Verlag des Betruges bezichtigt hat, ohne wirklichen Beweis führen zu können. Nun muß sie kleinlaut einräumen: ... *Ich habe sicher unüberlegt gehandelt und gestehe offen, daß ich bitter bereue, so selbständig aufgetreten zu sein, aber Unredlichkeit ... kann mich Niemand zeihen. Bitter empfinde ich, so allein ohne Beistand hier zu stehn; es wäre besser gewesen, bei Ihnen Nachfrage zu halten ... Nie wieder trete ich selbstständig auf im Geschäftlichen!* [84]

Der Vorwurf von Hinstorff, nicht redlich gewesen zu sein, trifft sie tief. Ehrlich war sie ihr Leben lang, geradeaus, ohne Rücksichten nehmen zu müssen und zu wollen, ohne jemandem nach dem Munde zu reden. All ihre Briefe legen davon Zeugnis ab, denn Luise schreibt sie immer in der Verfassung des Augenblicks, manchmal sogar recht unüberlegt und ohne jeden Gedanken an Diplomatie. Die wenigen Freunde, die ihr noch geblieben sind, schätzen das, und hat nicht ihr Reuter sie auch für ihre Aufrichtigkeit geliebt?

Die nächsten Winter verbringt Luise in Vevey am Genfer See, in Nizza, in Rom, in Palermo, in Montreux. In Florenz lernt sie Adolf Glaser kennen, den Verfasser des Romans „Schlitzwang“, der einen neuen Verleger sucht, und vermittelt die Bekanntschaft mit Hinstorff. Mehrere Monate weilt Glaser als Gast in ihrer Villa, um in Ruhe schreiben zu können. Auch dem Drechsler und Amateur-Schriftsteller Karl Weise aus Freienwalde versucht sie bei der Veröffentlichung seiner Werke zu helfen.

Dethloff Carl Hinstorff stirbt 1882. Die Hinstorffschen Erben wollen eine noch billigere Ausgabe von Reuters Werken veranstalten. Luise sträubt sich. Von jedem Gericht muß man nicht essen, meinte ihr Reuter immer. Ein recht langwieriges und ermüdendes Hin und Her sind diese ver-

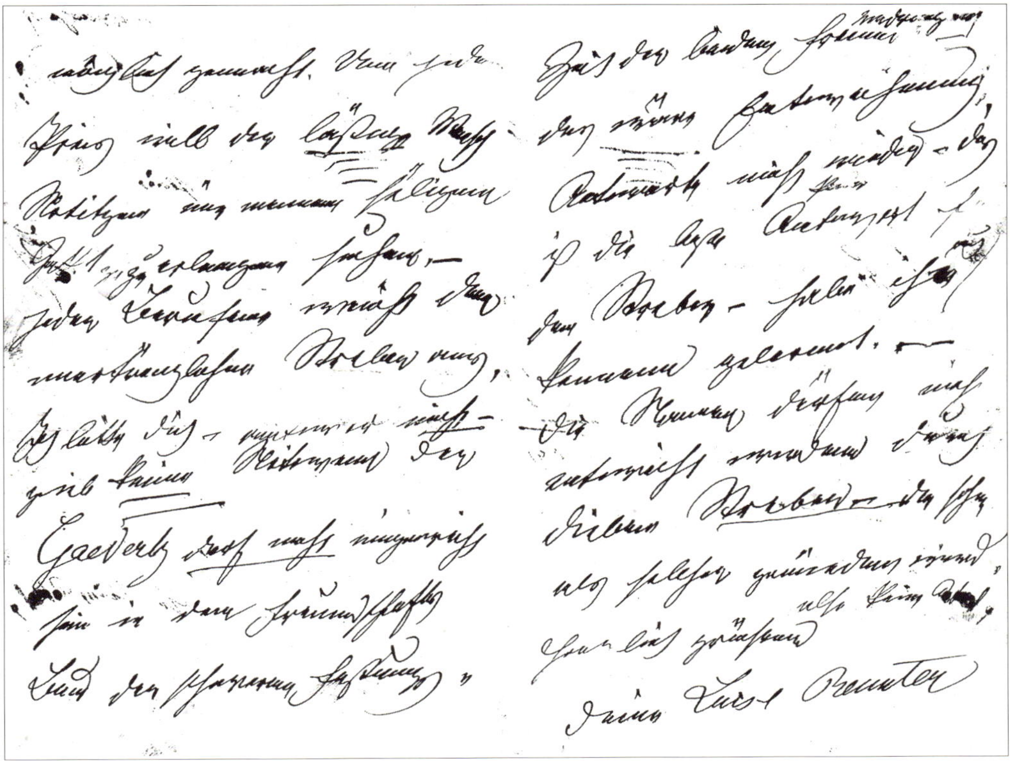

Luises Augen tun den Dienst nicht mehr. Brief an Bertha Grashof, 1892.

trackten Verhandlungen! Gottlob, sie hat den Rechtsanwalt Otto Reichardt, den ihr Fritz ans Herz gelegt hat, *ein streng rechtlicher Mann!* Doch letztlich fügt sich Luise den ausschweifend vorgetragenen Argumenten.

Alle Welt scheint der Meinung zu sein, mit Reuters Werken nach Gusto verfahren zu dürfen. Junkermann, der Schauspieler, der sich mit der Interpretation der Werke, besonders als Unkel Bräsig, einen Namen gemacht hat, will die seiner Ansicht nach „besten" Szenen in einer Sammlung im Verein mit seinen eigenen Episteln publizieren. Nein, erwidert Luise … *Zum Abdruck von Läuschen un Rimels in der Junkermannschen Sammlung würde ich nie meine Zustimmung geben – es ist eine tactlose Zumuthung – hat Junkermann wirklich das Recht über das Eigenthum Anderer zu verfügen, muß ich's eben leiden, gegen meinen Wunsch und Willen. Es wäre eine große Tactlosigkeit von J. so weit zu gehn. Schon die Verstümmelung der Werke mit Ausnahme der „Stromtid" hat ihm nicht allein bei mir geschadet. Urtheilsfähige und namentlich wirkliche Reuter-Kenner waren entrüstet, die schöne, schweren Stunden abgerungene Arbeit herabgewürdigt zu sehn – für Knall-Effecte! – Und nun noch die Anmaßung, meines Reuters Werke neben seinen eignen herausgeben zu wollen!*[85]

Als jedoch Paul Heyse bittet, die Erzählung „Woans ik tau 'ne Fru kamm" in den Neuen Deutschen Novellenschatz aufzunehmen, weil in einer Meistersammlung deutscher Novellisten der größte moderne

Humorist nicht vermißt werden dürfe, wie er meint, bestätigt sie dem Verlag gern ihre Zustimmung: ... *Herrn Paul Heyse's Gesuch steht meinerseits nichts im Wege – im Gegentheil freut es mich herzlich, meinen lieben Fritz in so guter Gesellschaft zu wissen. Wie glücklich wird sich der alte brave reichbegabte Carl Weise fühlen, die Erfüllung seiner langgenährten Wünsche nun verwirklicht zu sehn und wie gönne ich's ihm Achtungsvoll – Luise Reuter* [86]

Als ganz eifriger Forscher befleißigt sich Herr Dr. Gaedertz, ihre Gunst zu erringen. Anfangs schien er nett und ehrerbietig, schmeichelte ihr, veröffentlichte Schriften über ihren Mann; da empfand sie sich schon als seine „mütterliche Freundin". Doch nun belagert Gaedertz sie geradezu, läßt ihr keine Ruhe. Steckt seine Nase in ihre privaten Angelegenheiten. Fast wäre sie auf ihn hereingefallen. Das Maß ist voll, und ihre Entrüstung kennt keine Grenzen, als er sie bedrängt, ihm die geliebten Reuter-Reliquien testamentarisch zu hinterlassen. Sie teilt dem Verlag im Oktober 1884 mit: ... *daß ich wie Ihnen bereits früher mitgetheilt, dem p. Dr Gaedertz nebst einigen Kleinigkeiten die Abschrift des alten Manuscriptes (das in meinem Verwahrsam) über Mecklenburg zur Verwerthung bei beabsichtigter Bearbeitung einer kleinen Gedenkschrift übergeben habe. Die Sache hat also ihre Richtigkeit. Jedoch muß ich hinzufügen, daß ... ich Nichts bewilligt haben würde, wenn ich den p. Gaedertz gekannt hätte, wie er sich später gezeigt – maßlos ehrgeizig und Andere mit seinem Treberthum quälend. Mein Interesse an seiner Person hat er verscherzt. Es ist nicht der Drang des Schaffens, der ihn treibt, sondern die Eitelkeit, nach Ruhm und Ehre ...* [87]

Überall und mit allen Mitteln sucht der Mann nach Informationen, ist so penetrant und doch so durchschaubar, über Jahre! Im Februar des Jahres 1892, Luise hält sich wieder einmal in Wiesbaden auf, warnt sie ihre Freundin Bertha in Lübeck: ... *um jeden Preis will der lästige Mensch Notizen von meinem seligen Gatten zu erlangen suchen. – Jeder Berufene weicht dem unerträglichen Streber aus. Ich bitte Dich, antworte nicht. ... Herzlich grüßend Deine Luise Reuter ... Der Gaedertz hat es längst mit allen Reuterfreunden verdorben, durch sein unverschämtes ... Drängen ...* [88]

In demselben Brief beteuert sie: *Nie habe ich daran gedacht, die Villa zu verkaufen!* Sie hat sich an den Gedanken gewöhnt, diese Villa zu erhalten, obwohl hin und wieder sogar Gerüchte über den vollzogenen Verkauf kursieren, was zu Nachfragen veranlaßt: ... *Sehr verehrte Frau, So eben lese ich mit Staunen ... die Nachricht von dem Verkauf Ihrer schönen Villa in der Nationalzeitung. Fritz Reuters Villa in Eisenach welche von der Wittwe des Dichters bis jetzt bewahrt wurde, ist in die Hände des Schriftstellers Anguel Neumann übergegangen. Dem Vernehmen nach beträgt der Kaufpreis 75.000 Mark. Wenn die Notiz wahr ist, so gratuliere ich, daß Sie der Sorge enthoben sind, und nicht mehr sich den Kopf um Dienstboten und Verwaltung schwer machen brauchen. Daß Sie gewiß nicht ohne Schmerz einwilligten fühle ich sehr mit Ihnen ... Nur das freut mich sehr, daß die Villa und der Ort, wo das Beste und Schönste, was die neue Litteratur geschaffen, gedichtet wurde und das Andenken an den unsterblichen uns in jeder Ecke noch entgegentritt ... Ich kenne den Käufer nur wenig aus den Zeitschriften, aber ich wünsche ihm Glück und daß über ihn der Geist des Entschlafenen kommen möge ...* [89]

1886 bekommt Luise Post aus New York. Alois Loeher, Professor der Art Schools of the Metropolitan Museum of Art, ist

Das Reuter-Denkmal in Chicago ist heute in schlechtem Zustand. Die damals an den vier Seiten des Sockels eingelassenen Metallplatten, Szenen aus Reuters Werken darstellend, sind verschwunden.

von den glühenden Verehrern des großen Mecklenburgers gebeten worden, ein Reuter-Denkmal für die Stadt Chicago zu entwerfen, und bittet Luise um Fotos ihres Mannes. Selbstverständlich erfüllt sie diesen Wunsch schnell und überaus gern. Auch in Jena scheint es jetzt soweit zu sein, das Denkmal soll in Angriff genommen werden, so wie Luise es wünschte.

Noch fühlt sich Luise einigermaßen frisch, noch unternimmt sie Reisen, noch wandert sie mit ihren Gästen zur Wartburg hoch. Da wird ihr geschmeichelt, wird sie mit einem jungen Mädchen, mit einer Gazelle gar verglichen. Ach, sie weiß doch selbst, wie's ihr geht. Die Augen wollen nicht mehr, das Lesen fällt schwer, ihre Schreiben sind fast unleserlich. Und sie mißtraut aller Welt: Ist sie nicht so unendlich oft ausgenutzt worden? Angepumpt, angebettelt von vertrauten oder auch völlig fremden Menschen? Da ist die unbekannte Frau, die ihren Sohn in der Villa Reuter als Pensionär unterzubringen gedenkt, oder der italienische Herr, der sich berechtigt glaubt, von ihr das Schreiben der Kronprinzessin als Andenken, und wenn das nicht möglich, notfalls doch eine Originalhandschrift von Fritz verlangen zu dürfen. Reicht nicht aus, was sie von sich aus tut? Wo Hilfe nötig ist, wird sie tätig. Sie unterstützt ihre Geschwister und deren Kinder, finanziert die Ausbildung des Enkelsohns der Frau Voß, einer entfernten Cousine, spendet einen ansehnlichen Betrag zur Erneuerung und Ausstattung der Kirche St. Georg in Eisenach, will dabei aber ihren Namen nicht genannt wissen.

...Was beginnen Sie im nächsten Sommer? fragt eine Bekannte. *Gehen Sie in die Schweiz? In Ihrer Stelle thäte ich es, Sie entgehen damit allen unerwünschten Besuchen, sonst kommt die Villa „zum guten Herzen" zu stark in Aufnahme ...*[90]

Mit herzlicher Freude begrüßt Luise jedesmal die immer spärlicher eintreffenden Nachrichten von den alten Freunden ihres Mannes. Louis Königk, der mit ihrem Reuter in der Magdeburger Festung gefangen war, hat sich aus Posen vernehmen lassen. Er ist inzwischen Schriftsteller und Verlagsbuchhändler und erbittet die Genehmigung, die „Stromtid" in polnischer Sprache zu veröffentlichen. Luise antwortet: *Mein lieber verehrter Herr und Freund! Wie innig erfreut bin ich jedesmal, von einem alten Freunde meines seligen Fritz*

Während Luise 1888 in Wiesbaden diese Photographie anfertigen läßt, kommt aus Göttingen der Gruß von Else Wildhagen: „… und wünsche Dir, daß Dir das neue Lebensjahr nur frohe heitere Stunden bringt und Dir vor allen Dingen die beste Gesundheit, Deine geistige Frische und jugendliche Elastizität bewahrt. Wer so mit der Jugend fühlen kann, wie Du – der bleibt auch ewig jung. Wie oft haben wir uns noch gefreut, daß Du so lustig sein kannst, wie das jüngste Mädchen, denn das hast Du zu unseres Jungen Taufe bewiesen …"

wieder zu hören, und nun gar von einem der ersten Jugendfreunde – Und doch mögen Sie denken, läßt sie mich so lange auf die Antwort warten: ich hatte der Verlagshandlung Ihren Wunsch mitgetheilt, und da der Chef in den Ferien, verzögerte sich dessen „unbedingte" Zustimmung (die meine hatten Sie sofort) zu der von Ihnen beabsichtigten Übertragung der „Stromtid" in's Polnische. Es muß eine große, mühevolle Arbeit gewesen sein, der Sie sich unterzogen, verehrter Freund (wie kräftig müssen Sie sich noch fühlen), und ich wünschte herzlich den besten Erfolg all Ihrer Wünsche. Soll ich Sie denn nun von Angesicht zu Angesicht schauen? Einmal stellten Sie ein mögliches Wiedersehen Ihrer alten Heimat Swinemünde in Aussicht und von dort einen Rutsch nach Eisenach! Es wäre nicht schwer ausführbar gewesen – und wie hätte ich mich gefreut, Ihnen Seine „letzte" Wohnung zu zeigen und sein selbstgeschaffenes irdisches Heim – sein durch Ihn urbargemachtes! Sie ahnen nicht, wie schön es sich entfaltet hat. – Ich schreibe vor der plätschernden Fontaine auf der Terrasse vor dem Blumenzimmer. Wunderschön, allein von drüben schallt die Concertmusik herüber! – Die lichte Anpflanzung verwandelte sich in herrliche schattengebende Bäume und Gesträuche – und der sie gepflanzt, gehegt, gepflegt, sieht nichts von all der Pracht! – Fremde aber erfreuen sich daran – und ich selbst die paar Sommermonate, die ich hier verlebe, wenn auch mit Wehmuth vermischt – immer einsamer wird's mir zu Herbstes Ende in der schönen großen Villa. So gehe ich denn längst im October gen Süden im Anschluß mit Freunden, oft auch nur bis Wiesbaden – und um diesem Nomadenleben ein Ende zu machen, bin ich entschlossen, die Villa gelegentlich zu verkaufen und dann nach Lübeck zu ziehen, wo mir noch Verwandte und Freunde leben. Verzeihen Sie, so viel von mir zu hören und bewahren Sie Ihre Freundschaft Ihrer ergebenen Luise Reuter. [91]

Schon 1875 war Luise bei der Eisenacher Familie Agricola, mit der sie stets freundschaftlich verbunden war, für den Sohn die Taufpatin. Nun, 1888, ist es bei Else Wildhagen (1863-1944), die mit ihrem Mann, dem Rechtsanwalt, in Göttingen wohnt, soweit: Sohn Max wird geboren, und Luise übernimmt mit Freude die Taufpatenschaft. Sie fährt zu den jungen Freunden und fühlt sich in der kleinen Wohnung in die glückselige Zeit ihrer ersten Ehejahre zurückversetzt, richtig jugendlich wird sie wieder.

Else, erst 25 Jahre alt, ist vom Schicksal schon hart geprüft worden. Ihre Mutter, die unter dem Pseydonym Emmy von Rhoden die besonders bei der weiblichen Jugend sehr beliebten Trotzkopf-Romane verfaßt hatte, ist 1885 gestorben. Elses Bruder Max ist schwer erkrankt; sie selbst bringt 1886 ein Kind tot zur Welt. Ihr Mann informiert am 2. Dezember Luise darüber: ... *Es war mir schwer, über unseren Kummer zu schreiben – dies ist der erste Brief, in welchem ich mein Herz ausschütten darf, nur Sie werden Theilnahme und Verständniß für mich haben. Stets Ihr Wildhagen*

Nun ist die schwerste Zeit überwunden, das Söhnchen ist gesund. Und Else faßt Mut, die Arbeit ihrer Mutter fortzusetzen. Sie verfaßt später die vielgelesenen Jugendromane „Trotzkopfs Brautzeit", „Aus Trotzkopfs Ehe", „Trotzkopfs Nachkommen – ein neues Geschlecht".

... Im Jahre 88 hatten wir die große Freude Luise Reuter als Gast bei uns zu sehen, teilt Else 1895 dem Reuter-Forscher Professor Karl Theodor Gaedertz mit. *Ich*

sehe noch die vornehme Gestalt im schwarzen Sammtkleid vor mir, wie sie mit meinem Vater zusammen vor dem Tauftisch stand. Alles interessierte sie, an unsern Bekannten nahm sie nicht nur aus Liebenswürdigkeit lebhaftes Interesse. Bei Tisch war sie gesprächig und amüsant, und als später getanzt wurde, ließ sie sich ihre Schleppe abknöpfen, um besser mittanzen zu können. Für eine damals nahe 70jährige doch noch eine Leistung! – 89 waren wir mit unserm Jungen in Eisenach und täglich mit ihr zusammen, wir gingen und fuhren spazieren, sie war immer anregend, denn sie besaß die große Gabe, mit der Neuzeit fortzuschreiten, so daß der Altersunterschied zwischen uns fast gar nicht bemerkbar wurde ... Im Jahr 90 besuchten wir Frau Reuter auf der Rückkehr von unserer Sommerreise. Sie war munter, wie immer, argwöhnte nur fortwährend, daß ihr Dies oder Jenes genommen sei, was sie aber sich aus Zerstreutheit selbst verlegt hatte. Sie klagte viel über ihre schlechten Augen, die schon in früheren Jahren leidend waren, wie aus ihren Briefen zu sehen ist. 92 besuchten wir sie auf der Durchreise mit unserm Jungen, ihrem Pathenkind, und da fiel uns zum erstenmal auf, daß sie gebeugt ging und merklich gealtert war. Sie empfing uns mit alter gewohnter Herzlichkeit, mehr als je trat aber ihre Zerstreutheit hervor, sie fragte und sagte dasselbe zwei-dreimal hinter einander. Eine Nichte war bei ihr, die Tochter ihres Bruders, für dessen Familie sie stets sorgte ... [92]

Es ist kein gutes Jahr für Luise. Die Geschäftsführung des Hinstorff Verlages betrügt sie, wird ihr gemeldet. Rechtsanwalt Blum aus Leipzig hat es aus sicherer Quelle. Er recherchiert und weiß mit ziemlicher Sicherheit, daß die 75 000 Mark Honorar für Luise den 1 100 000 Mark Gewinn von Hinstorff gegenüberstehen und teilt es erst einmal dem Dr. Glaser mit. Jammerschade, meinen beide, daß Luise so im Nachteil sei. Sie hat nun schon ihre Erben im Sinn, fühlt sich in der Pflicht, ein angemessenes Vermögen zu hinterlassen. Sie schickt dem Verlag, unterstützt von Dr. Wildhagen, den Untersuchungsrichter ins Haus. Doch die Herren Witte, Eberhardt und Heidmüller legen die Bücher vor und weisen ihre Unschuld nach. Zudem sind sie über alle Maßen beleidigt: *Sie werden ... zu Ihrer Beschämung ersehen, daß Sie das schwere Unrecht auf sich geladen haben, drei völlig unbescholtene Männer (Familienväter) durchaus grundlos eines gemeinen Vergehens zu beschuldigen ... Wir müssen abwarten, ob Sie das richtige Gefühl dafür haben, was bei dieser Sachlage Ihre unabweisbare Pflicht und Schuldigkeit ist ...* [93] Oh, die sind mit allen Wassern gewaschen, Luise glaubt ihnen nicht, ist aber machtlos. Doch der Vertrag für die Volksausgabe nähert sich dem vereinbarten Ende, sie ist nun doch in der besseren Position. Dr. Blum verhandelt mit den Wismarern, nicht ohne ein angemessenes Honorar für sich selbst vorzuschlagen. Er macht Luise Hoffnung, ... *daß ich Hinstorff angezeigt habe, ich würde den nächsten Sonnabend dazu benutzen, in Wismar mit ihm über den Abschluß eines neuen Vertrages zu verhandeln u. event. auch noch den Sonntag Vormittag (vorausgesetzt, daß er da nicht seinem Gott danken muß dafür, Fritz Reuter überhaupt gefunden zu haben) ... ich denke, sie werden sich's doch lieber zweimal überlegen, so daß ich Ihnen Günstiges von dort melden kann ...* [94]
Ja, er ist ein guter Geschäftsanwalt, zumindest für Luise. Der neue Vertrag bringt entschieden bessere Konditionen. Sie ist jetzt an jedem verkauften Exemplar beteiligt, und die Separatausgaben, die bisher

ohne Vereinbarung gedruckt worden sind, müssen auch korrekt ausgewiesen werden.

DIE LETZTEN JAHRE

Sie hat im Leben Liebe gesäet,
Sie soll im Tode Liebe ernten.[95]

Luises Leben geht still zu Ende. Die Freunde, die sie jetzt besuchen, finden sie, wie Wachsmuth dem Dr. Gaedertz verrät, *etwas stumpf. Sic transit gloria mundi …*[96]

Am 29. Mai 1893 wird nun das in Mecklenburg langersehnte und schwer errungene Neubrandenburger Reuter-Denkmal, von dem Berliner Künstler Martin Wolff geschaffen, feierlich enthüllt, nachdem der Termin wegen der *noch immer fortbestehenden Choleragefahr und der dadurch erforderlichen Schutz-Maßregeln*[97] verschoben werden mußte. Der Einladung, der Enthüllungsfeier als Ehrengast beizuwohnen, kann sie nicht mehr folgen, zu strapaziös wäre die Reise. So hört sie nicht die guten Worte für ihren Mann: … *Mit innigem Bedauern sahen wir ihn scheiden. Doch zürnten wir ihm deshalb nicht … Wir ehrten seine Gründe, die ihn, als er fast zu groß für uns geworden war, in größere Verhältnisse hinauszogen. Wir freuten uns für ihn, daß er an einer Stelle künftig wohnen sollte, die von alten Zeiten her durch manchen hochberühmten Namen schon geweiht ist. Seine Bedeutung konnte dort, wo man das Bedeutende von je zu schätzen wußte, nur noch wachsen …* Doch Luise muß auch nicht vernehmen, daß bereits zu diesem Anlaß an der Legende gewebt wird, Reuter habe nur oder doch vornehmlich ihretwegen die Villa erbaut, daß … *ihm dort seine Häuslichkeit so stattlich schön erblühte, wie ihm die längst ersehnte Freude ward, der trefflichen Gefährtin seines vielbewegten Lebens ihre Liebe auf das schönste zu vergelten und sie mit einem Überflusse zu umgeben, den alle Reize der Natur und Kunst veredelten …*[98]

Der Lowise-Reuter-Ring in der Reuter-Siedlung in Berlin-Britz.

Todesanzeige.

Sonnabend, den 9. Juni ds. Js., starb in ihrer Villa

Frau Marie Louise Reuter,

geb. **Kuntze,**

die Wittwe des grossen Dichters, den durch eine lange Reihe von Jahren die Bewohner Eisenachs ihren Mitbürger nennen durften.

Was die edle Frau in hingebender Liebe ihrem Gatten gewesen, wird unvergessen bleiben. Wie sie in eigener hoher Denkweise und im Sinne des Verklärten dankbar der Nachwelt gedachte, bekundet das Vermächtniss ihres irdischen Besitzes an die Dichter des Vaterlands.

Ihr Andenken wird fortleben, so lange **Fritz Reuter's** Werke vom deutschen Volke geliebt und gelesen werden.

Weimar, den 10. Juni 1894.

Die Deutsche Schillerstiftung.

(gez.) **Julius Grosse,** Schriftführer.

Eisenacher Zeitung vom 11. Juni 1894.

Sie wird schwächer, hinfällig gar, braucht Hilfe. Die Barmherzige Schwester Rosa kommt täglich, um nach dem Rechten zu sehen. Die letzten Tage ist auch wieder Emma aus Wismar angereist, ihr beizustehen auf ihrem Weg zu Fritz.

Luise Reuter stirbt am 9. Juli 1894 mittags in ihrer Villa in Eisenach. Ihre Schwester ist bei ihr. Einige Nichten und Neffen kommen eilig nach Eisenach, um der Testamentseröffnung an demselben Tage beizuwohnen, und bleiben bis zur Beerdigung am 12. Juni. Diakonus Kieser von St. Georg hält die Trauerrede. Unter strömendem Regen wird der Sarg zum Friedhof gefahren, Bataillonsmusik führt den langen Trauerzug an.

Luise vermacht die Villa der Schillerstiftung, verbunden mit der Verpflichtung, die Grabstätte von Fritz und Luise Reuter zu pflegen. Die Rechte an den Werken Reuters kommen den vier bedürftigen Geschwistern zugute, in Melbourne Heinrichs Familie, in Californien Carolines, in Schwerin Wilhelms und auch der guten Emma, der stets hilfreichen, eng verbundenen. Der Nachlaßverwalter Curt Walther in Eisenach besorgt die Geschäfte bis zum Ende der

Schutzfrist 1904 und ist zufrieden: ... *Es ist für die vier Erben eine schöne Erbschaft gewesen, denn es wird einem Jeden immer gegen 115 000 M. betragen haben, nun am Schluß meiner zehnjährigen Tätigkeit habe ich von den Erben in Kalifornien ein schönes Faß feinen Portwein und goldene Becher, aus Australien einen echten Brillantring und von Fräulein Emma Kuntze eine silberne Brosche erhalten. Der vierte Erbe hat sich nicht einmal bedankt, nun es muß auch solche Käuze geben ...*[99]
An Luise und Fritz Reuter erinnert sich der Schriftsteller Paul Lindau, der 1869 die Reuters zu Hause besucht hatte: ... *Sein einschmeichelnd wohllautendes „Luising", wie Reuter seine sympathische Frau anzureden pflegte, klingt mir noch in den Ohren. Die Reutersche Ehe wirkte ungemein freundlich. Der schon tüchtig angegraute Reuter behandelte seine Frau wie ein verliebter Bräutigam seine Braut: jeden ihrer Wünsche schien er zu erraten und suchte ihn zu erfüllen, ehe er noch ausgesprochen war. Und ebenso aufmerksam und liebevoll beobachtete Frau Reuter ihren Fritz und tat alles, was sie ihm an den Augen absehen konnte ...* [100]

Wenig Liebe hat Luise geerntet in Deutschland. Je ausufernder der Kult um Reuters Werk und seine Person sich gestaltete, desto tiefer sank die Frau in der Achtung des Volkes. Fast jede Stadt in Norddeutschland hat eine Straße, einen Platz, eine Schule nach dem großen Mecklenburger benannt. An Luise erinnert eine Straße in Deutschland: der „Lowise-Reuter-Ring" in Berlin-Britz. Vielleicht ist Mecklenburg der Luise Reuter doch etwas schuldig geblieben.

... Ihr unerschütterlicher Glaube, urteilt Clara Zetkin, *an die Güte und Reinheit seines Wesens, an den Ernst und die Kraft seines Wollens gaben Reuter Selbstvertrauen und Selbstachtung zurück, und an ihrer Stärke richtete er sich stets bald wieder auf, wenn der alte böse Feind Sieger über ihn geblieben war. Aus dem unversiegbaren Born ihrer Liebe gab ihm das Leben mit Zins und Zinseszinsen, was er als Kind und Jüngling an alles tragender und alles duldender Mütterlichkeit entbehrt hatte ...* [101]

... Dat Winglas hett sei all bisid bröcht ... hatte ihr Mann, der Dichter, einmal geschrieben. Da war sie gerade beim Einpacken für den Umzug nach Eisenach.

Wir verdanken Luise viel. Sie war ihrem Mann Muse, Geliebte, Haushälterin, Krankenpflegerin. Sie war ihm Ruhepol, Kraftquell und Heimat. Die schönsten und wertvollsten Werke der niederdeutschen Literatur wären ungeschrieben geblieben, hätte sie ihm nicht immer mal wieder *dat Winglas bisid bröcht.*

ANMERKUNGEN

1 Fritz Reuter über seinen ersten Aufenthalt in der Familie Kuntze in einem Brief an Caroline Kuntze mit der Bitte, ihn abzuschreiben und dann Luise zu übergeben. Abgedruckt in: Karl Theodor Gaedertz: Aus Fritz Reuters jungen und alten Tagen. Wismar. Hinstorff'sche Hofbuchhandlung Verlagsconto 1896

2 Stadtarchiv Lübeck, Schülerinnenverzeichnis des Ernestinums

3 Ebenda

4 Fritz Peters an Karl Theodor Gaedertz, im Fritz-Reuter-Literaturmuseum unter V 57 R 5

5 Auszug aus einem Brief der Amalie Augustin vom 29.9.1874, kopiert von Karl Theodor Gaedertz, im Fritz-Reuter-Literaturmuseum unter V 125 R 8

6 „... Wenn mein Sohn nach meinem Absterben drei Jahre lang stets fleißig gewesen sein und sich vom Genusse geistiger Getränke gänzlich freigehalten haben wird, so soll ... meine Tochter Sophie ... seinen ganzen Erbtheil ... mit circa 4750 rth Gold ausbezahlen ... Übrigens versteht sich wohl von selbst, daß mein Sohn, so lange er unter Curatel bleiben muß, sich nicht verheirathen darf ...", Testament des Bürgermeisters Reuter, im Fritz-Reuter-Literaturmuseum unter V 48 a R 5

7 Gedichtentwurf (Fragment) von Fritz Reuter, im Fritz-Reuter-Literaturmuseum unter V 11/18 R 2

8 Reuter an Luise Kuntze, alle im folgenden zitierten Briefe von Reuter an seine Verlobte, später seine Frau, befinden sich im Goethe-Schiller-Archiv Weimar unter GSA 77/IV, 5,1 bis 77/IV, 5,15

9 Siehe Anmerkung 5

10 Karl Theodor Gaedertz: Aus Fritz Reuters jungen und alten Tagen, zweite Folge. Wismar. Hinstorff'sche Hofbuchhandlung Verlagsconto 1897

11 Reuter aus Bad Stuer an die Schwiegermutter von Fritz Peters in Thalberg, im Fritz-Reuter-Literaturmuseum unter V 14/3 R 4

12 Auszug aus dem Aufnahmebuch des Krankenhauses, im Fritz-Reuter-Literaturmuseum unter V 126 R 8

13 Reuter an Hermann Stolzenburg am 19.9.1848, im Fritz-Reuter-Literaturmuseum unter V 14/4 R 4

14 Karl Theodor Gaedertz, dem wir überaus viele Informationen über Reuter, seine Frau und die Zeitgenossen verdanken, schrieb die Briefe Luises an Marie Peters ab, bevor diese starb und die Briefe ihrer Verfügung entsprechend in ihren Sarg gelegt wurden. Er veröffentlichte die meisten seiner Abschriften, jedoch unter diversen Auslassungen, in seinen „Reuter-Kalendern", die jährlich von 1907 bis 1912 erschienen. Der Brief an die Freundin Klara Schmidt, die Tochter des Pastors in Retschow, ist abgedruckt im Fritz-Reuter-Kalender auf das Jahr 1909, Dieterich'scher Verlag Leipzig. Die im Brief genannte S. ist Sophie Birkenstädt, Tochter des Pastors in Elmenhorst. Von dieser stammt das im Besitz des Fritz-Reuter-Literaturmuseums befindliche Ölgemälde des Pfarrhauses und der Kirche in Roggenstorf.

15 Luise an Marie Peters, Kopie von Karl Theodor Gaedertz, im Fritz-Reuter-Literaturmuseum unter V 109/1-91 R6. Alle folgenden nicht anders ausgewiesenen Zitate stammen aus dieser Quelle.

16 Siehe Anmerkung 4

17 Hanne Nüte un de lütte Pudel. 'Ne Vagel- un Minschengeschicht von Fritz Reuter. Wismar und Ludwigslust. Druck und Verlag der Hinstorff'schen Hofbuchhandlung 1860

18 Trauschein von Fritz Reuter, im Goethe-Schiller-Archiv unter GSA 77/V, 2

19 Karl Theodor Gaedertz: Aus Fritz Reuters jungen und alten Tagen, zweite Folge. Wismar. Hinstorff'sche Hofbuchhandlung Verlagsconto 1897

20 Brief der Mutter an Luise vom 23.3.1856, im Goethe-Schiller-Archiv unter GSA 77/IV, 6,18

21 Reuter an die Schwestern von Bülow am 14. 12. 1857, in: Fritz Reuter. Gesammelte Werke und Briefe Band 8; herausgegeben von Kurt Batt. Hinstorff Verlag Rostock 1967

22 Brief (Fragment) von Caroline Kuntze an Luise Anfang Oktober 1856, im Goethe-Schiller-Archiv unter GSA 77/IV, 7,8

23 Caroline Kuntze an Luise am 22.1.1857, im Goethe-Schiller-Archiv unter GSA 77/V, 7,8

24 Brief der Mutter an Luise Reuter am 23. März 1856, im Goethe-Schiller-Archiv unter GSA 77/IV, 6,18

25 Karl Theodor Gaedertz: Aus Fritz Reuters jungen und alten Tagen, dritter (Schluß-)Band. Wismar. Hinstorff'sche Hofbuchhandlung Verlagsconto 1901

26 Olle Kamellen. Twei lustige Geschichten von Fritz Reuter. 1. Woans ik tau 'ne Fru kamm. 11. Auflage. Wismar, Rostock und Ludwigslust. Druck und Verlag der Hinstorff'schen Hofbuchhandlung 1874

27 Landessuperintendent Schliemann am 14.4.1858 in seiner Stellungnahme zur Emeritierung des Pastors Kuntze: „... Seine zahlreichen Kinder sind zum größten Teil ausgewandert. Soviel ich weiß, ist nur noch ein Sohn im Lande ... und eine, aber nicht günstig verheiratete, und zwei unverheiratete Töchter ..." in: Meyer-Bothling: Die Vorfahren von Luise Reuter (Typoskript)

28 Reuter am 4.3.1858 an Fritz Peters, in: Fritz Reuters Leben in seinen Briefen; herausgegeben von Otto Weltzin, Hesse und Becker. Leipzig o. J. [1913]

29 Sanitätsrat Dr. Witthauer, Eisenach, an Karl Theodor Gaedertz, im Fritz-Reuter-Literaturmuseum unter V 128 R 8

30 D. Zander, Neustrelitz, am 25.4.88 an Karl Theodor Gaedertz, im Fritz-Reuter-Literaturmuseum unter V 124 R 8

31 Hanne Nüte un de lütte Pudel. 'Ne Vagel- un Minschengeschicht von Fritz Reuter. Wismar und Ludwigslust. Druck und Verlag der Hinstorff'schen Hofbuchhandlung 1860

32 Brief von Luise an Frau Schmidt, Kopie von Karl Theodor Gaedertz, im Fritz-Reuter-Literaturmuseum unter V 110 R6

33 Reuter am 31.10.1862 an H. Gesellius, in: Fritz Reuter Gesammelte Werke und Briefe, Band 8; herausgegeben von Kurt Batt. Hinstorff Verlag Rostock 1967

34 Fritz Reuter am 17.6.1863 an Auguste Henzen und Pauline Steinhäuser, Rom, in: Fritz Reuter Gesammelte Werke und Briefe, Band 8; herausgegeben von Kurt Batt. Hinstorff Verlag Rostock 1967

35 Reuter an Adolf Wilbrandt am 14. Februar 1863, in: Fritz Reuter Gesammelte Werke und Briefe, Band 8; herausgegeben von Kurt Batt. Hinstorff Verlag Rostock 1967

36 Nachgelassene Schriften von Fritz Reuter, erster Theil. Herausgegeben und mit einer Biographie des Dichters eingeleitet von Adolf Wilbrandt. Wismar, Rostock und Ludwigslust. Druck und Verlag der Hinstorff'schen Hofbuchhandlung 1874

37 Reuters Werke. Im Verein mit Dr. Conrad Borchling und Prof. Dr. Ernst Brandes; herausgegeben von Prof. Dr. Wilhelm Seelmann, 1. Band. Bibliographisches Institut Leipzig und Wien [1905]

38 Fritz Reuter. Gesammelte Werke und Briefe Band 9; herausgegeben von Kurt Batt. Hinstorff Verlag Rostock 1967

39 Fritz Reuter an Ernst Boll am 13.11.1863, in: Fritz Reuter Gesammelte Werke und Briefe, Band 8; herausgegeben von Kurt Batt. Hinstorff Verlag Rostock 1967

40 Gelegenheitsverse der Luise Reuter, im Fritz-Reuter-Literaturmuseum unter V 108 R 6

41 Olle Kamellen, vierter Theil, von Fritz Reuter. Ut mine Stromtid. Zweiter Theil. Wismar und Ludwigslust. Verlag der Hinstorff'schen Hofbuchhandlung 1863

42 Olle Kamellen, zweiter Theil, von Fritz Reuter. Ut mine Festungstid. Wismar und Ludwigslust. Druck und Verlag der Hinstorff'schen Hofbuchhandlung 1862

43 Reuter [wahrscheinlich] an B. v. Arnswald, 16. 11.1867; in: Gudrun Osmann, Manfred Günther: „... daß ich immer Farbe gehalten habe ..." Eisenach 1997

44 Fritz Reuter: Einzugsfeierlichkeit, im Fritz-Reuter-Literaturmuseum unter V 3 R1

45 Luise an Dr. J. Schmidt, kopiert von Karl Theodor Gaedertz, im Fritz-Reuter-Literaturmuseum unter V 110 R 6

46 Reuter an Grashof am 18. Juli 1865, im Fritz-Reuter-Literaturmuseum unter V 15 R 4

47 Luise an Hinstorff, im Fritz-Reuter-Literaturmuseum unter V 197/R 6

48 Luise an Fritz, alle Briefe von Luise an Fritz im Goethe-Schiller-Archiv unter GSA 77/IV, 2, 3

49 Spruch über dem Eingang der Villa Reuter in Eisenach

50 Reuter an Fritz Peters vom 28.10.66, in: Otto Weltzin: Fritz Reuters Briefe. Hesse & Becker. Leipzig

51 Luise an Hermann Grashof am 9.9.1867, im Fritz- Reuter-Literaturmuseum unter V 105 R 6

52 G. A. Demmler am 24.12.1867 an Luise, im Goethe-Schiller-Archiv unter GSA 77/IV, 6,7

53 Siehe Anmerkung 40

54 Reuter an Fritz Peters am 27.2.1868, in: Willi Finger: Fritz Reuter und Fritz Peters. Hinstorffsche Verlagsbuchhandlung Wismar 1935

55 Fritz Reuter an Wilhelm Schlange am 3.2.1873, in: Fritz Reuter Gesammelte Werke und Briefe, Band 8; herausgegeben von Kurt Batt. Hinstorff Verlag Rostock 1967

56 Luise an Johannes Schondorf, in: Carolinum, 34. Jg. Nr. 50, Herbst 1968. Auf diesen reizenden Brief machte Herr Dr. Arnold Hückstädt, Seedorf, die Autorin aufmerksam, dem sie nicht nur dafür zu Dank verpflichtet ist.

57 Franz Wachtel: Offener Brief an Herrn Dr. Fritz Reuter. Leipzig 1870

58 Luise an Hinstorff am 11.11.1870, im Fritz-Reuter-Literaturmuseum unter V 197 R 6

59 H. Freihold 1899 an Karl Theodor Gaedertz, im Fritz-Reuter-Literaturmuseum unter V 128 R 8

60 siehe Anmerkung 58

61 Grabspruch, von Fritz Reuter für den eigenen Grabstein verfaßt

62 Zuschrift von Chr. Oldenstern an den Redakteur der „Gartenlaube", im Goethe-Schiller-Archiv unter GSA 77/IV, 7,4

63 Olle Kamellen, fünfter Theil von Fritz Reuter. Ut mine Stromtid. Dritter Theil. Wismar und Ludwigslust. Verlag der Hinstorff'schen Hofbuchhandlung 1864

64 Luise an Hinstorff am 28.7.74, im Stadtarchiv Wismar

65 Fritz Peters an Luise, im Fritz-Reuter-Literaturmuseum unter V 57 R 5

66 Luise an Hinstorff am 21.Oct 74, im Stadtarchiv Wismar

67 Luise am 30. 9. 1874 an Victor Siemerling, Neubrandenburg, im Fritz-Reuter-Literaturmuseum unter V 107 R 6

68 Luise an Hinstorff am 25.11.1874, im Stadtarchiv Wismar

69 Gisbert von Vincke: Gedichte, Berlin 1860, handschriftliche Widmung November 1865, in der Bibliothek des Reuter-Wagner-Museums Eisenach

70 Gisbert von Vincke an Luise 1874, stark beschädigter Brief im Goethe-Schiller-Archiv unter GSA 77/IV, 7,13

71 Alwine Wuthenow, Greifswald, an Luise am 1.2.1875, im Goethe-Schiller-Archiv unter GSA 77/ IV, 7,17. Der erwähnte Aufenthaltsort war eine Nervenheilanstalt, wo sie sich mehrfach und lange aufhalten mußte.

72 Luise an Hinstorff am 12.1.1875, im Stadtarchiv Wismar

73 Heinrich Kuntze an Luise am 30.11.1874, im Goethe-Schiller-Archiv unter GSA 77/IV, 6,16

74 Luise an Hinstorff am 16.2.1876, im Stadarchiv Wismar

75 Wilhelm Kuntze an Luise am 19.4.1874, im Reuter-Wagner-Museum Eisenach

76 Luise an Hinstorff am 20.1.1879, im Fritz-Reuter-Literaturmuseum unter V 199 R 6

77 Luise an Hinstorff am 23.1.1879, im Fritz-Reuter-Literaturmuseum unter V 199 R 6

78 Else Wildhagen an Karl Theodor Gaedertz am 27.6.1895, im Fritz-Reuter-Literaturmuseum unter V 128 R 8

79 Luise an Frau Friedrich am 25.9.1876, im Fritz-Reuter-Literaturmuseum unter V 110 R 6

80 Luise an Frau Friedrich am 26.7.1877, im Fritz-Reuter-Literaturmuseum unter V 110 R 6

81 Luise an Frau Friedrich am 6.1.1879, im Fritz-Reuter-Literaturmuseum unter V 110 R 6

82 Handschriftliche Fassung des Inserates von Luise, von anderer Hand darauf vermerkt: „besorgt“, im Fritz-Reuter-Literaturmuseum unter V 221 R 6

83 Luise an Präpositus Niederhöffer, Stavenhagen, am 10.7.78, im Fritz-Reuter-Literaturmuseum unter V 107 R 6, Niederhöffer besorgte die Vermittlung der Zinsenzahlung, dem Testament des Bürgermeisters Reuter entsprechend, worauf Luise nicht verzichtet hatte. Niederhöffer wurde 1891 pensioniert und zog mit seiner Frau nach Röbel, wo er im August 1894 starb.

84 Luise an Hinstorff am 13.10.1878, im Fritz-Reuter-Literaturmuseum unter V 199 R 6

85 Luise an den Hinstorff Verlag am 11.11.1884, im Fritz-Reuter-Literaturmuseum unter V 208 R 6

86 Luise an den Hinstorff Verlag im September 1884, im Fritz-Reuter-Literaturmuseum unter V 208 R 6

87 Luise an den Hinstorff Verlag am 2.10.1884, im Fritz-Reuter-Literaturmuseum unter V 209 R 6

88 Luise an Bertha Grashof am 16.2.1892, im Fritz-Reuter-Literaturmuseum unter V 105 R 6

89 Marie Weber, Berlin, an Luise am 19.9.1884, im Goethe-Schiller-Archiv unter GSA 77/ IV, 7,14

90 Dascha Grimm, Riga, an Luise am 6./18. Februar 1884, im Goethe-Schiller-Archiv unter GSA 77/ IV, 6,10

91 Luise an Louis Königk am 17.8.1887, im Fritz-Reuter-Literaturmuseum unter V 110 R 6

92 Else Wildhagen an Karl Theodor Gaedertz am 27.6.1895, im Fritz-Reuter-Literaturmuseum unter V 128 R 8

93 Hinstorff Verlag an Luise am 11.2.1888, im Fritz-Reuter-Literaturmuseum unter V 223 R 10

94 Dr. Hans Blum, Leipzig, an Luise am 19.6.1889, im Fritz-Reuter-Literaturmuseum unter V 115 R 6

95 Grabspruch, für Luise von Fritz Reuter geschrieben

96 „So vergeht der Ruhm der Welt“; Franz Wachsmuth an Karl Theodor Gaedertz am 19.12.1894, im Stadtarchiv Lübeck

97 Der geschäftsführende Ausschuß des Fritz-Reuter-Denkmal-Komitees Schwerin an Luise am 1.10.1892, im Goethe-Schiller-Archiv unter GSA 77/ IV, 7,6

98 Rede bei der Enthüllungsfeier des Fritz-Reuter-Denkmals zu Neubrandenburg am 29. Mai 1893, gehalten von A. Brückner. Neubrandenburg. Verlag der C. Brünslowschen Hofbuchhandlung (E. Brückner)

99 Curt Walther an Karl Theodor Gaedertz am 18. 10.1904, im Fritz-Reuter-Literaturmuseum unter V 112 R 6

100 Paul Lindau: Nur Erinnerungen, zweiter Band, 5. und 6. Auflage. Cotta'sche Buchhandlung Stuttgart 1919

101 Clara Zetkin: Über Literatur und Kunst; zusammengestellt und herausgegeben von Emilia Zetkin-Milowidowa. Henschelverlag Berlin 1955